SAFARI

HÅNDBOGEN

JAKOB WANDEL

Safarihåndbogen
Jakob Wandel

ISBN-13: 9788776917982

1. udgave, 2007.
Copyright © Jakob Wandel 2007

Forsidefoto og øvrige fotos: Jakob Wandel
Grafisk design: Jakob Wandel

Forlag: Books on Demand GmbH, København, Danmark
Tryk: Books on Demand GmbH, Norderstedt, Tyskland

www.jakobwandel.com

Forsiden: Geparder | Acinonyx Jubatus
*En gepardhun og hendes fire unger spejder efter bytte på
savannen. For at få det bedste udsyn, sker det fra toppen af
et gammelt termitbo. Det er meget usædvanligt at opleve en
gepard med så mange unger - men på safari kan alting ske!
Masai Mara National Reserve.*

Asante sana
Muthee

Indledning 6

Bogens opbygning 8

Del 1 | På safari 11

På eventyr i den vilde natur 12

Gamedrives 13

Gamespotting 13

Overvejelser inden rejsen 15

Hvilken rejseform skal du vælge? 15

Hvilken rejsearrangør skal du vælge? 17

Hvornår skal du tage af sted? 21

Hvilke områder skal du besøge? 22

Hvad med børn og ældre på safari? 23

Planlægning af rejsen 24

Indkvartering 25

Nationalparker og reservater i Kenya 27

Tips til en endnu større oplevelse 44

Praktiske informationer 50

Beklædning 50

Pas på helbredet undervejs 54

Valuta 59

Visum 59

Lufthavnsskat 59

Pakning og prioritering af fotoudstyr og bagage 60

Håndbagage i fly 61

Del 2 | Naturfotografering på safari 63

Fotoudstyr 64

Kamera 65

Objektiver 67

Stativer 68

Flash 70

Kameratasker 71
Filtre 72
Skjul 72

Teknik i felten 73
Understøttelse af kameraet 73
Teknik ved kraftige teleobjektiver 74
Pas på udstyret undervejs 75

Kompakte digitalkameraer 78

Opsøg motiverne 80
Overnatningsstederne myldrer med liv 80
Hold udkig imens du sover 81
Kenya fra luften 81
Heldagssafari 82
Husk Landskaberne 82
Gå ikke glip af øjeblikket 82

Elektronik på rejsen 83
Strømforsyning 83
Datalager på rejsen 84
Pas på elektronikken undervejs 87

Teknisk udstyrsforsikring 88

Det gode naturbillede 88
Identifikation af motivet 89
Skarphed 89
Motivets størrelse 90
Komposition 90
Farve og kontrast 91
Actionbilleder 91
Resultatet af anstrengelserne 92

Etiske retningslinier 92

Stikordsregister 94

Indledning

Da jeg første gang landede i Afrika og steg ud af flyveren i Jomo Kenyatta Lufthavnen udenfor Nairobi, blev jeg mødt af en varm, tør vind. Den duftede af krydderi og eventyr. I det øjeblik tabte jeg mit hjerte til Afrika. Siden er min kærlighed til Afrika og den afrikanske natur kun vokset – næret af flere ophold. Safari er eventyr og naturoplevelser helt ud over det sædvanlige.

Vi kender alle Afrikas vilde dyr fra skolen, fjernsynet eller zoologiske haver. På safari får du den gave, det er at opleve dem alle i deres naturlige omgivelser. Oplevelsen er ofte langt større, end selv de største optimister håber på. Jeg ville ønske, at alle gav sig selv den uforglemmelige oplevelse, en safarirejse er. For de fleste er det en oplevelse, man kun får en enkelt gang i livet. Det er derfor vigtigt, at oplevelsen bliver så god som overhovedet muligt, og at man får mest muligt for de mange penge, en safari ofte koster. Mine egne safarirejser er blevet bedre med tiden. Det skyldes i høj grad de erfaringer, jeg har gjort mig undervejs.

Formålet med Safarihåndbogen er at videregive mine erfaringer til dig, så du kan få lige nøjagtigt den safari og de oplevelser, du drømmer om. Allerede på din første safari! Min første safari var en helt fantastisk oplevelse. Min seneste safari var langt den bedste. Det er ikke tilfældigt. Igennem bogen giver jeg dig en lang række råd og vejledninger, så du undgår de faldgruber, planlægningen af en safari byder på. Samtidig giver jeg en lang række praktiske informationer, som du både kan bruge i forbindelse med planlægningen og senere under rejsen.

Bogen henvender sig som udgangspunkt til førstegangsrejsende på safari, og besvarer en lang række spørgsmål i forbindelse med planlægningen og alle de mange overvejelser, man bør gøre sig, inden rejsen bestilles. Jeg vil ikke sælge dig noget, så mine anbefalinger er både velmente og uforbeholdne. Der findes mange rigtigt dygtige rejsekonsulenter hos safariarrangørerne. Du skal dog ikke forvente, at de vil anbefale dig andet end varerne på deres egne hylder. Jeg forsøger i bogen at forsyne dig med alle de informationer, du har brug for, så dit livs rejse også bliver en oplevelse for livet.

Safarihåndbogen er desuden den første bog på dansk, der går i dybden med de mange fotografiske udfordringer, en safari byder på, så ambitiøse naturfotografer også vil have stort udbytte af den.

Uanset om du er naturfotograf eller almindelig safarirejsende er det målet, at du ved hjælp af Safarihåndbogen kan gøre din safari 50 % bedre, end hvis du planlægger rejsen uden at læse den først. Eller hvis du bare køber en færdig pakkerejse.

Det er naturligvis ikke meningen, at du på egen hånd skal planlægge din rejse. Læs bogen og gør dine overvejelser – og planlæg derefter din safari sammen med en god konsulent hos den valgte safariarrangør. Safarihåndbogen hjælper dig ligeledes med at afklare, hvilken type safariarrangør du skal vælge – ligesom den anviser en lang række alternativer til elementerne i den traditionelle pakkerejse.

For at holde Safarihåndbogens pris så langt nede som muligt, behandler bogen ikke nationalparker og naturreservater udenfor Kenya. Årsagen til, at jeg har valgt at fokusere på Kenya, er, at Kenya er det land, de fleste danskere rejser til på deres første safari. Alle Safarihåndbogens generelle anbefalinger vedrørende safari og naturfotografering på safari er naturligvis også gældende i alle andre safarilande. Jeg håber du accepterer afvejningen? På denne måde får du en 50 % bedre safari – for under 100 kroner!

Som naturfotograf har Afrika en særlig plads i mit hjerte. Jeg håber og tror, at du vil vende hjem fra din safari som en fascineret ambassadør for den helt fantastiske skønhed, den afrikanske natur har at byde på. Hvis Safarihåndbogen kan bidrage til det, har den fuldendt sin opgave.

Bogens opbygning

I safarihåndbogens 1. del har jeg bestræbt mig på, at henvende mig både til den erfarne og den førstegangsrejsende på safari, ligesom jeg i 2. del henvender mig både til naturfotografen og den, der blot ønsker at få nogle rigtig gode naturbilleder med hjem.

Bogens første del, "På safari", gennemgår alle de overvejelser, du bør gøre dig, inden rejsen planlægges, og selve planlægningen af rejsen. Denne del giver dig de informationer, du har brug for for at kunne beslutte, hvilken rejseform du vil vælge, hvornår du vil tage af sted, og hvilke områder du vil besøge. Den redegør også for de forhold, der gør sig gældende, hvis du er ældre, eller hvis du rejser med børn. Derefter gennemgås planlægningen af rejsen, så du er velforberedt, når du sammen med din rejsearrangør planlægger den endelige rejse. Du vil blandt andet blive præsenteret for de forskellige indkvarteringsformer, du kan vælge imellem på safari, Kenyas vigtigste nationalparker og naturreservater og mine personlige tips til, hvordan du får den allerbedste safarioplevelse. Endeligt forsyner "På safari" dig med en lang række praktiske oplysninger, som er uundværlige både før og under rejsen. Dette omfatter bl.a. påklædning til en safarirejse, hvordan du passer på helbredet undervejs, valuta, visum, lufthavnsskat, samt pakning og prioritering af bagage.

Bogens anden del, "Naturfotografering på safari", gennemgår alle de særlige forhold, som gør sig gældende, når man ønsker at tage gode dyrebilleder på safari. I denne del behandles bl.a. emner som fotoudstyr, teknik i felten, elektronik under rejsen og mit bud på, hvad et godt naturbillede er. De etiske retningslinier for fotografering i sårbare naturområder bliver ligeledes præsenteret.

Det er langt fra alle safarirejsende, der er ambitiøse naturfotografer, eller som har investeret i det dyreste fotoudstyr. Langt de fleste på safari har dog et kamera med i bilen, og jeg har derfor skrevet et særligt afsnit med gode råd om, hvordan du får de bedst mulige natur- og dyrebilleder med hjem fra rejsen med dit almindelige, kompakte digitalkamera.

Safarihåndbogen er skrevet, så den både kan læses fra ende til anden og bruges som opslagsbog under rejsen. Der forekommer enkelte steder gentagelser af forhold, som har relevans i flere sammenhænge. Hvis du bruger Safarihåndbogen som opslagsbog, kan du derved få fyldestgørende oplysninger efter behov – uden at læse hele bogen.

Jeg har forsøgt at samle erfaringerne fra mine egne safarier i Afrika, og videregive dem, så du allerede på din første rejse kan få netop den safarioplevelse, du drømmer om. Jeg håber du vil få stort udbytte af Safarihåndbogen, og jeg er meget interesseret i at høre fra dig, hvis du skulle have forbedringsforslag til næste udgave af bogen. I så fald, er du meget velkommen til at skrive til mig på: safari@jakobwandel.com

Rigtig god safari!

Hellebæk, juli 2007

Flamingoer | Phoeniconaias Minor
Når mørket sænker sig over Rift Vallys sodasøer, fyldes luften med lyden af hundredtusindvis af baskende vinger. De enorme flamingoflokke flyver med mellemrum fra sø til sø for at sove, søge føde eller for at yngle. Lake Nakuru National Park

PÅ SAFARI

Del 1

På eventyr i den vilde natur

Kenyas storslåede landskaber er hjemsted for et imponerende plante- og dyreliv. I den tætte regnskov på Mount Kenyas stejle skråninger og de endeløse sletter på Masai Maras savanne venter eventyret. Safari i Kenya er lig med naturoplevelser i verdensklasse. Fra fjernsynsudsendelser kendes dyrene, dramatikken og storheden i de smukke landskaber. På safari er oplevelsen endnu større – langt mere intens. Ikke bare synet bliver udfordret. Alle sanser påvirkes, når du befinder dig i den afrikanske natur. Duften af tungt, vådt græs og ukendte planter fylder næseborene. Lugten af dyrene, når de er tæt på. Lyden af regnskoven, der vågner, starter som en svag, næsten uhørlig summen og ender i et inferno af fugle- og abeskrig, når solen står op. Lyden af ens egne skridt i regnskovens mudder – hvor opdagelsen af et leopardfodaftryk får én til at stoppe op – og se sig forsigtigt omkring. Man færdes og lever for en tid i naturen. Også selvom man bor på luksuriøse lodges. Dyrene er overalt.

> ⊙ "Jeg sad engang og spiste på en lodge. Pludseligt sprang en marekat ned fra halvtaget over restauranten. Den landede nøjagtigt midt på bordet, hvorfra den i én hurtig bevægelse stak hele hånden ned i mit glas med frugt og frugtjuice og forsvandt med dets indhold." ⊙

Fantastiske fugle, som man dårligt vidste eksisterede, lander på en gren tæt ved og viser sin farvepragt et øjeblik. Så forsvinder den igen. Safari er ren magi. Og jeg har endnu ikke nævnt det overvældende syn af hundredtusindvis af gnuer og andre antiloper, der i deres evige vandring på én gang dækker savannen så langt øjet rækker. Og flamingoerne i Rift Vallys sodasøer, der som et lyserødt hav, flimrer frem og tilbage imellem hinanden. Og løverne, der om natten jager i flok. Så perfekt synkroniserede, at man begynder at tiltro dem telepatiske evner. Og geparden, der med sin imponerende acceleration sætter efter sit bytte på savanne. Og elefanterne, der intelligent og magtfuldt hersker over savannen. Safari er også at overnatte i nationalparkerne og pludseligt vækkes af et brøl i natten. Var det en løve? Var det en hyæne? Det var i hvert fald tæt på! Safari er eventyr, og ikke to safarier en ens. De er hver for sig helt enestående oplevelser, som vil huskes resten af livet.

Gamedrives

De bedste tidspunkter at opleve dyrelivet i Kenya er fra kl. ca. 06:30 om morgenen, hvor solen står op, til kl. ca. 09:30 om formiddagen, og igen fra kl. ca. 15:30 om eftermiddagen til kl. ca. 18:30, hvor solen går ned. Det er i disse perioder, at dyrene er mest aktive, og du har størst chance for at opleve dem foretage sig noget interessant. Det er ret formålsløst at foretage gamedrives midt på dagen, hvor solen står højt på himlen, og varmen er mest intens. Dyrene tilbringer ofte tiden midt på dagen i skyggen, hvor de sover og samler kræfter. Løver og leoparder jager mest om natten, så de får oftest deres søvn midt på dagen. Der er dog eksempler på, at løverne og geparderne i Masai Mara og Amboseli tilpasser sig turisternes rytme. I højsæsonerne forekommer det, at når safarikøretøjerne returnere til lodgene efter morgen gamedrivet, ja, så benytter løverne og geparderne sig af muligheden for at jage helt uforstyrret En heldagssafari er en god idé, hvis du vil opleve gnuernes dramatiske krydsning af Marafloden i perioden fra august til oktober. Du aftaler det med din guide senest dagen før, og så sørger han for at medbringe en madpakke til turen. Så forsøger man efter bedste evne (det vil sige guidens) at forudse, hvor gnuerne kunne tænkes at krydse floden. Derefter standses bilen, og I afventer dagens begivenheder. Lad det være sagt med det samme. Du skal være meget heldig for at opleve denne spektakulære begivenhed. Det er dog værd at vente på, og en heldagssafari giver de bedste muligheder. Nogle steder, som i det private Sweetwater Game Reserve, er det muligt at komme på gamedrive om natten. Det er en utrolig intens oplevelse, og er du heldig at finde en løveflok på jagt, får du en oplevelse, du aldrig glemmer.

Gamespotting

Når du er på safari, tilbringer du en del tid med at spejde efter dyrene i landskabet. På gamedrives er du hele tiden på vagt, og øjnene søger rundt efter tegn på dyr i græsset, krattet, træerne, floden og alle mulige andre steder. For at forbedre dine chancer for at finde dyrene er der et par tips, du kan benytte dig af. Det meste er dog almindelig sund fornuft, men ikke desto mindre oplever man turister, der racer op og ned ad sporene og samtidig forventer at få øje på noget interessant. Der er dog større sandsynlighed for, at de ender med at køre dyrene over eller skræmme dem væk. Chancerne for at opdage dyrene er størst, hvis du kører stille og roligt omkring og forholder dig helt stille. Hele tiden skal du holde øje med skygger i græsset, i under-

THE BIG FIVE

Øverst på storvildtsjægernes ønskeseddel stod fem af Afrikas mest imponerende og frygtindgydende dyr. Al jagt er nu forbudt i Kenya og geværet er skiftet ud med kameraet. Samtidig har de safarirejsende overtaget udtrykket "The big five", som for mange topper listen over de dyr, man gerne vi opleve under rejsen. "De fem store" er...

- ⦿ **Løve** | Panthera Leo
- ⦿ **Leopard** | Panthera Pardus
- ⦿ **Elefant** | Loxodonta Africana
- ⦿ **Bøffel** | Syncerus Caffer
- ⦿ **Sort næsehorn** | Dicerus Bicornis

skoven, under buskene og oppe i træerne. Træer med kraftige vandrette grene er ideelle for leoparder, og da de er meget sky, kommer du uvægerligt til at bruge en del tid på at lede oppe i trækronerne for at finde dem. I skovområder skal du være opmærksom på larmende og opskræmte aber, hvilket også kan være et tegn på, at en leopard er i nærheden. På savannen kan du holde øje med cirklende gribbe, men det er ikke altid tegn på, at et dyr er blevet nedlagt under dem. Hvis de derimod samler sig i nogle træer på savannen og ligner nogen, der venter på noget, kan det være et ret pålideligt tegn på, at de venter på at kunne overtage et ådsel fra en løveflok eller andre rovdyr. Du bliver hurtigt trænet i at finde dyrene i landskabet, men det er for intet at regne imod, hvad en dygtig guide er i stand til. Det er utroligt, hvad en god guide kan få øje på, på trods af at han samtidig manøvrerer køretøjet rundt på hullede veje, igennem mudder, vandløb eller åbent terræn. Desuden er en dygtig guide i stand til at finde bestemte rovdyr ved at aflæse de andre dyrs adfærd. Hvis gazellerne er afslappede, er der sandsynligvis ingen store katte i nærheden, men hvis de er opmærksomme, og alle kigger vagtsomt i den samme retning, er der måske noget under opsejling. Til dette arbejde bruger guiden sin kraftige kikkert, og på den måde kan han afsøge store områder på én gang. Fortæl endelig din guide, hvis der er nogle dyr, du er specielt interesseret i. Så vil han være særligt opmærksom på dem under turen. En dygtig guide er guld værd.

Overvejelser inden rejsen

Inden du planlægger din safari, er der en del forskellige overvejelser, du bør gøre dig, for at rejsen kan blive så stor en succes som muligt. Disse overvejelser gennemgås nedenfor, og de omhandler både helt grundlæggende forhold i forbindelse med rejsen og de små detaljer, som kan være med til at gøre turen til en helt uforglemmelig oplevelse. Alle de ting, som er med til at tilvejebringe gode forhold for den rejsende naturfotograf, er samlet i bogens anden del – Naturfotografering på safari.

Hvilken rejseform skal du vælge?

I Kenya har du mulighed for at opleve både den mest primitive og den mest luksuriøse form for safari. På trods af de ofte meget dårlige veje, har landet en infrastruktur, som gør det muligt at rejse på egen hånd. Langt de fleste vælger dog at lade en rejsearrangør stå for alt det praktiske, men der er ingen fast opskrift på den perfekte safari.

Gør-det-selv-safari
I Kenya er det muligt at gennemføre en safari helt på egen hånd. Dvs. leje et køretøj og drage af sted til de nationalparker du har lyst

til at besøge og samtidig foretage rejsen i det tempo og den rækkefølge, du har lyst til. Du skal naturligvis selv stå for betaling af entré i nationalparkerne og booking af indkvartering, evt. indenrigsfly m.v., og der er på den baggrund basis for et vaskeægte afrikansk eventyr. Du skal dog være opmærksom på, at en sådan tur ikke vil være problemfri, og strander du et sted i landet med en bil, der er gået i stykker, er du helt på egen hånd. Det kan desuden være meget vanskeligt at skaffe tidssvarende kort over mange dele af landet, hvorfor du bør forsøge af skaffe dem inden afrejsen. Hvis du ikke er stedkendt i nationalparkerne, vil du komme til at bruge meget tid på at finde vej – og på at fare vild. Desuden vil du under kørslen skulle bruge din opmærksomhed på vejen og ikke på at spotte dyrene i landskabet, og du kan på den konto gå glip af mange oplevelser og fotomuligheder. Der er ingen tvivl om, at en selvarrangeret safari vil være en oplevelse for livet, men hvis du vil på fotosafari for at fotografere de vilde dyr, vil jeg kraftigt anbefale, at du køber dig til assistance på turen i form af en kvalificeret guide. En sådan guide er med i "pakken", når du køber din safari igennem en safariarrangør, og betydningen af en lokalkendt guide kan ikke overdrives nok. Hos de bedste safariarrangører har du desuden mulighed for at planlægge din rejse næsten lige så individuelt, som hvis du gjorde det selv – samtidig med, at alle grundelementerne er på plads. Bogens anbefaling er derfor, at du køber din fotosafari igennem en velrenommeret safariarrangør.

Organiserede safarier

Alternativet til at arrangerer hele rejsen selv, er at få nogen til at gøre det for dig. I praksis er det, hvad du gør, når du køber din safari igennem et rejsebureau. Fordelen er, at du ikke selv skal slås med alle detaljer, så som: Reservationer, bestillinger, flybilletter osv. Dette er noget af en lettelse taget i betragtning, at de fleste af disse ting skal ske hos safariarrangører, hoteller, flyselskaber, nationalparken mv. i Kenya. Lad rejsebureauet stå for alt det besværlige og brug i stedet tiden inden rejsen til at planlægge turen og glæde dig, til du skal af sted. En ulempe ved ikke at tage turen på egen hånd er, at der på forhånd lægges en rejseplan, som safarien kører efter under rejsen. Der er altså ikke som sådan mulighed for at ændre i planerne undervejs, som hvis du kørte selv, men det opleves ikke som en ulempe på turen. De rigtigt gode safariarrangører herhjemme tilbyder såkaldt private safarirejser. Det vil sige, at du tilrettelægger rejsen fuldstændigt, som du gerne vil have, den skal forløbe, og du tager turen i et safarikøretøj helt for dig selv – sammen med din egen guide og familien naturligvis. Denne rejseform er helt klart at anbefale, og ikke kun fordi du så får turen helt, som du helst vil. Som naturfotograf på safari er det bydende nødvendigt med ro i bilen for at kameraet ikke rystes under optagelse. Dette opnås kun ved at rejse få sammen, og ved at de andre passagerer i bilen har forståelse for at bilen skal holdes i ro. Samtidig får I langt mere plads i bilen, når I kun rejser et par stykker sammen, og endeligt får du oven i købet lov til selv at vælge hvem, du vil rejse sammen med. Du skal endeligt ikke lade dig afskrække af, at en safari kan planlægges fuldstændig individuelt. Hvis du er mest tryg ved at købe en færdig pakkerejse, kan du naturligvis også det. Men det er stadig vigtigt, hvor du vælger at købe den. Efterfølgende gennemgås, hvordan du vælger rejsearrangør.

Hvilken rejsearrangør skal du vælge?

Der findes mange rejsebureauer i Danmark, som har safari på programmet, men de er ikke alle sammen lige store eksperter på området eller giver mulighed for at tilpasse rejserne til individuelle ønsker. For mange er en safari en oplevelse, man kun får én gang i livet, og det gør det endnu vigtigere, at du køber din rejse det rigtige sted. Mærkeligt nok koster den samme safari stort det samme, uanset hvor du køber den, så der er ingen grund til ikke at vælge den rigtige safariarrangør fra starten. I det efterfølgende har jeg listet en række forhold op, som er vigtige i forbindelse med valg af safariarrangør.

Stor erfaring
Mange rejsebureauer tilbyder safarirejser til bl.a. Kenya. Der er dog en væsentlig forskel imellem de rejsearrangører, der samtidig

tilbyder charterrejser til middelhavsområdet, og dem der udelukkende beskæftiger sig med safarirejser og tilsvarende rejsetyper. Forskellen er, at de første tilbyder et afslappende hvil fra hverdagens stress, jag og kolde klima. De sidste tilbyder at arrangere en oplevelsesmættet rejse ud i naturen. Den rejsearrangør, du vælger, bør have stor erfaring i at arrangere safarier, da safarirejser på mange områder adskiller sig fra andre rejsetyper. Samtidig vil disse rejsebureauer ofte have detaljerne på rygraden og en viden om de problematikker, du skal være opmærksom på, hvis du bl.a. drager af sted for at få en naturoplevelse, som du altid vil tænke tilbage på med glæde.

Lokale samarbejdspartnere og guider

Turisme er en stor industri i Kenya, og ud over de mange dygtige safariarrangører er der desværre også nogle mindre gode. Det er derfor vigtigt, at det rejsebureau, du køber din rejse af i Danmark, har nogle gode samarbejdspartnere på destinationen. Den bedste måde at undersøge dette på er ved at høre andre rejsendes erfaringer. Særligt guiderne kan i særklasse bidrage til, at rejsen bliver en uforglemmelig oplevelse, og en dygtig guide er udslagsgivende for, hvor mange og hvilke naturoplevelser du får undervejs.

Lokal repræsentation

Som rejsende er det altid rart at vide, at man kan komme i kontakt med sit rejsebureau på stedet. Det kan du naturligvis ikke, når du opholder dig i nationalparkerne, men det kan være betryggende at vide, at der i Nairobi sidder en person, som du kan kontakte i nødstilfælde. En person, som taler de nødvendige sprog, kender de lokale skikke og ved, hvordan man får tingene til at ske på stedet. Det rejsebureau du vælger, bør derfor have et kontor eller en

Hvidt næsehorn | Ceratotherium simum
Et næsehorn ser ret dårligt, og det mister hurtigt én af syne, hvis man forholder sig helt roligt. At tage et billede som dette kræver dog bl.a. både held, tålmodighed og en meget dygtig guide. Lake Nakuru National Park.

repræsentation i landet, som du kan kontakte når som helst, du skulle have behov for det.

Personlig erfaring

Når du planlægger din safari sammen med rejsekonsulenten, vælter spørgsmålene som regel frem. Det er derfor vigtigt, at du rådgives af en konsulent, der har personlig erfaring – ikke bare med planlægning af safarirejser – men også med at gennemføre dem. Det er vigtigt, at du umiddelbart kan få svar på spørgsmål vedr. årstider, nationalparker m.v., der alt sammen har stor betydning for, hvordan du skal planlægge din rejse.

Private safarirejser

Én af de vigtigste faktorer i forbindelse med valg af safariarrangør er, om denne er i stand til at tilbyde individuelle safarirejser. Nogle safariarrangører kalder denne type safari for "Privatsafari". En individuel safarirejse betyder, at du får din egen bil og din egen guide. Du har på den måde mulighed for fuldstændigt uafhængigt af andre rejsende at planlægge din tur, som du ønsker. Dette omfatter bl.a. rejsetidspunkt, rejsens længde, indkvarteringsvalg, hvilke nationalparker, der skal besøges, i hvilken rækkefølge, hvor længe du skal blive hvert sted og meget, meget mere. Hvis en rejsearrangør ikke tilbyder individuelle safarirejser, bør du overveje at vælge en anden arrangør. Ikke kun fordi du bør vælge at rejse individuelt, men fordi mangelen på denne mulighed antyder, at arrangøren ikke giver dig mulighed for selv at præge din rejse. Læs mere om privatsafari på side 44.

De vigtigste nationalparker

I denne bog er der beskrevet en række af Kenyas vigtigste nationalparker. Der findes en del flere nationalparker end dem, der er nævnt, men det er vigtigt, at den valgte safariarrangør giver mulighed for at besøge flest mulige af de nævnte. Det vil i hvert fald borge for både lokalkendskab, fleksibilitet og muligheden for at tilpasse rejsen efter individuelle ønsker. Samtidig giver de valgte nationalparker et bredt indtryk af Kenyas forskellige landskabstyper, flora og fauna – og det er jo det, man kommer til Kenya for at opleve. Kenyas vigtigste nationalparker er beskrevet fra side 27.

Hvornår skal du tage af sted?

Der er flere faktorer, der spiller ind, når du skal vælge, hvornår du vil lægge en safari i Kenya. Højsæsonen er i januar og februar, når vejret er varm og tørt. Det er i denne periode, at koncentrationen af fugle i Rift Valleys søer er størst, og dyrene i nationalparkerne samler sig omkring de permanente vandkilder, idet de mindre søer og vandløb tørrer ud. Dette gør det lettere at finde dyrene og komme i en god position til at se og fotografere dem. Dette hjælpes i høj grad også på vej af, at f.eks. løvernes gyldne pels synliggør dem i det grønne græs, i modsætning til i august, hvor græsset er højt og har nøjagtig samme farve som mange af dyrene på savannen. I og med at forholdene er gode, tiltrækkes også mange turister, og nationalparkerne kan være temmelig overrendte. Samtidig smitter den store efterspørgsel af på priserne på safarihotellerne i perioden. I perioden fra starten af marts til slutningen af maj ligger den lange regntid. Det gør perioden til lavsæson i Kenya, og der er langt færre turister i nationalparkerne i denne periode. Det betyder samtidig, at priserne er lavere end normalt, og det er jo også værd at tage med. Naturen går sin gang hele året, også under regntiden, og for naturfotografen vil der være interessante motiver at finde uanset årstiden.

Fra juni til oktober ligger det, du kan kalde for den anden højsæson. Vejret er stadig varmt og tørt, og det er på denne tid af året, du har mulighed for at opleve ét af naturens store skuer – gnuernes årlige vandring. I juli begynder gnuerne at ankomme fra Serengeti ind i Masai Mara, og de returnerer først til Tanzania igen i oktober. Den korte regntid ligger fra oktober til december. Regntiden i Kenya kan ikke sammenlignes med regntiden i de sydøstasiatiske jungleområder, hvor regnen falder uafbrudt i ugevis. I Kenya kommer regnen som korte kraftige byger og oven i købet ofte om natten. De daglige gamedrives behøver derfor ikke at blive påvirket af regnen, medmindre du planlægger besøg i nationalparker med dårlige spor eller kørsel i åbent terræn. Du skal dog være opmærksom på, at Amboseli kan være oversvømmet i perioder, og at du i den vestligste del af Masai Mara kan være forhindret i at gennemføre gamedrives, hvis det har regnet kraftigt. Dyrelivet i Kenya kan opleves hele året rundt, men koncentrationen er størst omkring migrationen fra juli til oktober. I denne periode ankommer over en million gnuer, Thomsons gazeller og zebraer fra Serengeti i deres søgen efter føde, og med sig bringer de mange af de løver og andre rovdyr, som lever af at jage dem. Det er også et spektakulært skue, når de massive dyreflokke krydser Mara floden, hvor både løver, krokodiller og druknedøden skal snydes, for at de kan komme til de grønne græsningsarealer på den anden side af floden. Hvis du er fugleentusiast, er januar og februar værd at overveje. Det er som nævnt i denne periode at koncentrationen af bl.a. flamingoer er stærkest i søerne i Rift Valley. Det samme gælder de over 450 andre fuglearter, der findes i samme område.

VIGTIGE PERIODER

Første højsæson:	Januar - februar
Anden højsæson:	Juni - oktober
Lavsæson:	Marts - juni
Den lange regntid:	Primo marts - ultimo maj
Den korte regntid:	Oktober - december
Gnuernes vandring:	I Masai Mara fra juni - oktober
	Koncentrationen er størst i aug/sept
Flest fugle i Rift Vally:	Januar - februar

Hvilke områder skal du besøge?

Kenyas nationalparker byder på vidt forskellige landskabstyper, vegetation, dyreliv og sågar forskelligt klima. Hvis det er første gang, du er på safari i Kenya, vil du få en stor oplevelse ved at besøge nogle nationalparker, der hver især byder på noget forskelligt. Hvis valget af nationalparker samtidig bringer dig rundt i hele landet, vil du under turen få et godt indtryk af landet og de områder, du passerer igennem. Turen vil byde på meget flotte landskaber og spektakulære udsigter – ikke mindst, hvis du på turen passerer Rift Valley. Kun få af Kenyas nationalparker er indhegnede, og dyrene interesserer sig derfor ikke synderligt for, hvornår de er indenfor grænsen, og hvornår de er udenfor.

Du vil under transporten fra den ene nationalpark til den næste derfor ofte opleve dyr, du ellers ikke ville forvente at finde andre steder end i reservaterne. Det drejer sig bl.a. om giraffer, zebraer, strudse, impalaer, Thomsons gazeller og mange andre. Safarihåndbogen beskriver en udvalgt række af Kenyas vigtigste nationalparker, deres landskaber, flora og fauna. Selv om Kenya har en del flere nationalparker og reservater, end der bliver beskrevet her i bogen, behandles de vigtigste, og afsnittet er et godt grundlag for planlægningen af hvilke områder, du vil besøge på din safari. Skal du på din første safari, bør du overveje følgende tre meget forskellige naturområder: Den åbne savanne i Masai Mara med sit ufatteligt rige dyreliv. Sodasøen i Lake Nakuru National Park med sine hundredtusindvis af lyserøde flamingoer og over 450 andre fuglearter. Den frodige regnskov på Mt. Kenya eller Aberdare National Park, hvor du fra lodgene inde i regnskoven i ro og mag kan betragte dyrene, når de kommer ud af skoven for at drikke ved de nærliggende vandhuller. Alle tre steder er beskrevet nærmere i afsnittet om de vigtigste nationalparker fra side 27. Se i øvrigt også beskrivelsen af trætophotellerne på Mt. Kenya og i Aberdare National Park på side 27.

Hvad med børn og ældre på safari?

Du kan sagtens tage på safari, selvom du er ældre eller rejser med børn. Det kan dog kraftigt anbefales at planlægge rejsen som en privat safari, hvilket vil sige, at du har dit eget safarikøretøj og din egen guide. Dette giver ikke bare bedre plads i bilen, men også langt større fleksibilitet ved transport i terrænet eller imellem nationalparkerne. Det kan ligeledes kraftigt anbefales udelukkende at indkvartere dig og din familie på lodges, da både serviceniveauet og hygiejnen i køkkenet er noget højere end på primitiv telt safari. Samtidig har du en sikkerhed i at vide, at der på de større lodges tillige er enten en læge eller en sygeplejerske til stede. Du skal være opmærksom på, at vejene i Kenya er meget dårlige, og at køreturene imellem nationalparkerne derfor kan være noget urolige. Børn, eller andre, der har tendens til køresyge vil kunne få problemer her, så tabletter imod transportsyge vil være en rigtig god investering. I nationalparkerne er jordvejene selvsagt også både ujævne og ofte fyldt med huller. I terrænet er sporene endnu mere krævende for både guide og passagerer, så det er vigtigt, at du er indstillet på at holde fast under turen, og at du er i stand til at tage vare på dig selv inde i bilen – også når det gynger allermest. Guiden gør naturligvis alt, hvad han kan, for at turen skal være så behagelig som mulig, men selv om guiderne ofte er rene ekvilibrister med deres køretøjer, kan de ikke få dem til at flyve. Det er derfor værd at overveje indenrigsflyvning imellem nogle af nationalparkerne, hvis du forventer, at kørslen vil blive et problem. Et eksempel på en indenrigsflyvning er fra Amboseli National Park til Nairobi. I bil tager turen ca. 6 timer på halvdårlige veje. Med indenrigsfly tager turen 35 minutter og koster omkring kr. 1.000,-. Ud over den reducerede rejsetid får du fornøjelsen af at se nationalparken fra oven og med lidt held både Mt. Kilimanjaro imod syd og under dig de store elefantflokke, der bader i sumpen. De fleste rejseselskaber giver store rabatter til børn under 12 år, og børn under 2 år er ofte gratis at indlogere på safarihotellerne. Du skal dog være opmærksom på, at flere af trætophotellerne i Aberdare og på Mt. Kenya ikke tillader børn under 8 år adgang. Dette skyldes strenge, men nødvendige, krav om konstant stilhed under opholdet. Disse hoteller ligger praktisk talt inde midt i regnskoven og for ikke at forstyrre dyrelivet er det nødvendigt at forholde sig meget stille. Når du rejser med børn på safari, er det naturligvis nødvendigt at holde ekstra øje med dem. Det er vigtigt, at de ikke løber med bare tæer eller leder efter ting og sager i græsset, imellem sten eller i træer og buske. Det kunne ske, at de fandt en slange, en skorpion eller et stikkende insekt. Pas i øvrigt på den stærke sol og vær opmærksom på, at nogle former for myggebalsam ikke er egnet til små børn. Vær opmærksom på, at man på de fleste lodges nødigt ser mindre børn til middagen. Disse lodges arrangerer i stedet børnemiddage – typisk omkring klokken 18.

Planlægning af rejsen

En safari skal planlægges noget anderledes end de fleste andre rejseformer. Ud over at beslutte dig til hvilke områder du vil besøge, hvordan du ønsker at blive indkvarteret, hvor længe du skal være væk, hvem der skal arrangere rejsen osv., er der en lang række praktiske forhold, du skal tage stilling til. Ikke mindst i forbindelse med pakningen og klargøring inden afrejsen. I det efterfølgende vil alle disse forhold blive behandlet.

Indkvartering

Der er flere forskellige indkvarteringsmuligheder at vælge imellem, når du skal på safari. Alle giver mulighed for fantastiske rejser, men de er ikke alle lige velegnede, hvis et af formålene med at tage på safari er at fotografere det vilde, afrikanske dyreliv.

Primitiv teltsafari

Dette er den billigste måde at rejse på. Det skyldes, at der ikke bruges penge på hoteller, safarilodges, restauranter m.v., men at du overnatter i camps i små topersoners telte, som du selv skal regne med at slå op og pakke ned. Med selskabet rejser normalt en kok, som tilbereder maden i det fri. Du sover i sovepose og kommer kun i bad og på rigtige toiletter på de camps, hvor den slags faciliteter er tilgængelige. Rejseformen bringer dig helt tæt på naturen og dyrelivet, og det i sig selv gør det til en fantastisk måde at rejse på. Hvis du imidlertid er rejst ud for at fotografere de vilde dyr, har denne rejseform den afgørende ulempe, at du ikke kan regne med nogen el-forsyning i de camps, hvor du overnatter. Du kan derfor ikke være sikker på, at du kan få opladet dine batterier eller bruge andre former for elektronisk udstyr, der kræver strøm. Ydermere har den primitive teltsafari den ulempe, at guiderne ikke altid er ligeså velkvalificerede som på de dyrere safariformer.

Luksus teltsafari

Denne rejseform minder om den primitive teltsafari på mange områder, men den kan ikke beskrives som primitiv. Tværtimod regnes denne form for safari for at være ganske eksklusiv, og du skal som rejsende ikke selv hjælpe med at slå lejr eller lave mad og lignende. Du overnatter i mellemstore, luksuriøse telte i fuld ståhøjde, med møbler og alt hvad du ellers har brug for undervejs. En kok står for tilberedningen af maden, og du spiser i det fri eller i et spisetelt, hvis det skulle være regnvejr. Rejseformen er bl.a. tiltalende, fordi du kommer tæt på naturen, og fordi rejseselskabet overnatter i sin egen camp uden mange andre turister. Det giver en fornemmelse af frihed og luksus og en god idé om, hvordan det må have været at være en del af et rejseselskab i safariens barndom. På denne type safari er der medfølgende bade- og toiletfaciliteter, som pakkes ned og flyttes med til næste camp sammen med teltene og resten af udstyret. Der kan dog stadig være udfordringen med el-forsyningen, som kan gøre det svært at gennemføre en decideret fotosafari med succes. Det sidste, naturligvis, kun hvis du er afhængig af strømkrævende udstyr, så undersøg de konkrete forhold inden afrejsen.

Lodgesafari

De fleste nationalparker og reservater i Kenya har en eller flere lodges, som er en lille lejr af hytter eller permanente luksustelte. De ligger inde i nationalparkerne på et lille område, der for de flestes vedkommende er indhegnet. På dette område ligger hytterne eller teltene, en restaurant, bar, i mange tilfælde en swimmingpool og nogle administrationsbygninger. For det meste er lodgene placeret, så de falder godt ind i landskabet, og mange af dem har en fantastisk udsigt over savannen eller nærliggende floder. Indkvarteringen sker i telte eller hytter, der er indrettet med senge, garderobeskabe, eget toilet og eget brusebad. Mange hytter og telte har desuden en lille veranda med et par gode stole, hvor du kan slappe af og nyde udsigten til det omgivende landskab. Lodgene har alle et ret højt niveau, og der findes en del, som er meget eksklusive. Al forplejning er inkluderet i opholdet på en lodge og måltiderne er helt utroligt veltillavede. Morgenmaden og frokosten består de fleste steder af en meget velassorteret og indbydende buffet, hvorimod middagen som regel består af en treretters menu, der serveres ved dit faste bord i restauranten. Efter aftensmaden og klargøringen af udstyret til næste morgens gamedrive, har du ofte mulighed for at slappe af i baren eller udendørs ved bålet med en sundowner og ristede cashewnødder. Lodgesafari kan varmt anbefales i forbindelse med fotosafari. For det første er der strøm tilgængelig til genopladning af batterier og andet udstyr. For det andet skal du ikke bekymre dig om alt det praktiske i forbindelse med indkvarteringen, men bare nyde livet og koncentrere dig om at holde dit udstyr i orden, renset og klar til næste dag. For det tredje myldrer lodgeområderne med dyr som aber, firben, fugle, klippegrævlinger og mange andre, som ikke sjældent udgør ligeså gode motiver som dyrene ude på savannen.

Trætophoteller

En særlig form for safarilodges er de såkaldte trætophoteller, som findes på Mt. Kenya og Aberdare. Trætophotellerne er lodges, der er bygget på pæle, langt inde i den tætte regnskov. De er placeret i lysninger ved naturlige vandhuller, hvortil skovens dyr døgnet rundt tiltrækkes for at drikke, mudderbade og spise jorden, som indeholder mange næringsrige mineraler. Fra udsigtsterrasser eller direkte fra værelsernes verandaer kan dyrelivet iagttages. Nogle steder, bl.a. på Mountain Lodge på Mt. Kenya, kan du via en udgravet tunnel komme meget tæt på dyrene ved vandhullet. Vandhullerne i området tiltrækker dyr som bl.a. leoparder, elefanter, bøfler, næsehorn, skovsvin og mange forskellige antiloper. Det er en helt speciel oplevelse at overnatte på et trætophotel. Dyrenes nærhed er en stor oplevelse, men mindst ligeså overvældende er de mange lyde, som kommer fra regnskoven. Især tidligt om morgenen, når solen står op, og skoven vækkes til live. Da bryder alle dens fugle og aber ud i en imponerende kakofoni af skrig og kald. Du skal være opmærksom på, at der pga. højden kan være lidt køligt om aftenen. Til gengæld betyder højden, at du ikke behøver at bekymre dig om myg, der ikke findes så højt oppe i bjergene. Mindre børn er, pga. behovet for total stilhed på disse lodges, ikke velkomne på dem alle. Aldersgrænsen er typisk 8 år.

Nationalparker og reservater i Kenya

Kenya har mange nationalparker og reservater. I denne bog har jeg valgt at referere til de vigtigste, da det oftest er disse nationalparker og reservater, som besøges på safarirejser til Kenya. Beskrivelsen af parkerne indeholder bl.a. en omtale af nogle af de dyrearter, du kan være heldige at opleve i dem. Naturen giver dog ingen garantier.

Nationalparkerne er ikke zoologiske haver, og dyrene kan i stort set alle parkerne komme og gå, som de vil – og det gør de så.
I det efterfølgende beskrives Kenyas vigtigste nationalparker og reservater i alfabetisk rækkefølge.

FORSKELLEN PÅ NATIONALPARKER OG RESERVATER

Nationalparkerne er udlagt af den Kenyanske stat og har til formål at beskytte områdets dyr, planter og landskab i øvrigt. Menneskelig færden i og udnyttelse af området er forbudt - turisme undtaget.

Reservaterne har til formål at sikre områdets natur imod overudnyttelse. I flere af Kenyas naturreservater har lokale stammer dispensation til at færdes, og man ser dem ofte græsse deres kvæg i områderne.

Aberdare National Park

Denne nationalpark blev skabt i 1950 og består af to forskellige landskabstyper. Den ene udgøres af Kinangop plateauet i vest, der er en ca. 60 km lang strækning bestående af højmose, bjergtoppe og skov. Den anden del af nationalparken er området Salient imod øst, der er en højderyg dækket af tæt regnskov. Her, som på Mt Kenya, kan regnvejr forekomme når som helst, og når regnen kommer, er det i store mængder. Aberdare National Park har et meget varieret landskab, dyre- og planteliv, og det findes næppe mere mangfoldigt end her. Det skulle da lige være på Mt Kenya. Elefanter og bøfler er de dominerende dyr her, men du kan også være heldig at støde på sjældnere arter. Der er sorte næsehorn, bongoer, penselsvin, skovsvin, serval og den sjældne sorte panter. Sidstnævnte er i realiteten en leopard med sort pels i stedet for den normale gyldne farve. Kigger du nøje efter, kan rosetmønstret i dens pels svagt skimtes i det sorte. I Aberdare er der i hundredvis af fuglearter og desuden en mindre bestand af løver. I Aberdare National Park er det fra nogle små udsigtsplatforme desuden muligt at betragte de to dramatiske vandfald Chania og Karura. Sværere er det at komme til Gura vandfaldet, der falder hele 300 m ned i den tætte skov. At betragte dyreli-

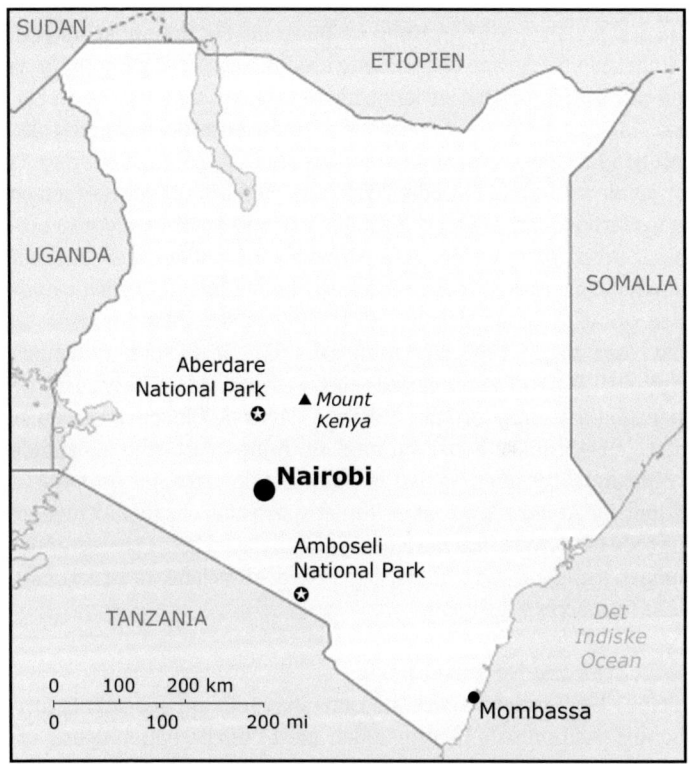

vet her er på ingen måde som på den åbne savanne i Masai Mara eller Amboseli. Salients tætte regnskov giver dyrene et perfekt dække, så den bedste måde at finde dem på er at blive i Aberdare i nogle dage. Vær opmærksom på at adgang til Aberdare National Park kun tillades i firhjulstrækkere. De almindelige safari-minibusser slippes ikke ind pga. de ofte meget mudrede veje.

Amboseli National Park

Selv om Amboseli med sine 392 km² er en relativ lille park, er den ikke desto mindre den anden mest besøgte i Kenya. Det skyldes for det første den spektakulære udsigt til Afrikas højeste bjerg Mt Kilimanjaro, der tårner sig op kun 40 km syd for parken, lige på den anden side af grænsen til Tanzania. For det andet tilbyder Amboseli kun dyrene begrænsede muligheder for at gemme sig, så på trods af, at der her er langt færre arter og individer end i Masai Mara, er der gode chancer for at finde de store rovdyr. Bevoksningen i Amboseli var tidligere meget tættere end den er i dag. Et stigende saltindhold i jorden, den store elefantbestands hærgen og uansvarlig kørsel af safarikøretøjer har dog skabt en alvorlig erosion. Uden for regntiden kan Amboseli forvandle sig til et sandt støvhelvede. Parken huser afrikanske bøfler, løver, gazeller, geparder, gnuer, hyæner, sjakaler, vortesvin, zebraer, Masai giraffer og bavianer, men i 1995 blev Amboselis fem sidste sorte næsehorn flyttet til Tsavo efter en periode med vedvarende krybskytteri. I de permanente sumpområder Enkongo Narok og Olokenya kan du se store elefantflokke boltre sig med Mt. Kilimanjaro som betagende baggrund. Erosionen og den omsiggribende tørke har dramatiske følger for Amboseli, og det er kun et spørgsmål om tid, før mangel på føde får dyrene til at bevæge sig et andet sted hen. I parken er det meget vigtigt, at man holder sig strengt til vejene, så situationen ikke forværres yderligere.

Lake Nakuru National Park

Skabt i 1961 er denne park med sine kun 180 km² ved at true Amboselis position som Kenyas anden mest besøgte nationalpark, efter Masai Mara. Ligesom de fleste andre søer i Rift Valley er Lake Nakuru en lavvandet sodasø. I en årrække faldt vandstanden i Lake Nakuru så meget, at den næsten tørrede helt ud imellem de to regntider, hvilket tvang flamingoerne, der engang var synonyme med Lake Nakuru, til at søge andre fødeområder. I de seneste år er presset på søen steget. Forureningen fra den nærliggende Nakuru by, udvaskning af pesticider fra omkringliggende landbrug og den massive afskovning i søens vandingsområde, giver grund til bekymring. Et langvarigt træplantningsprojekt i området, drevet af WWF, er imidlertid begyndt at give betydelige resultater. Det er vigtigt, at du som gæst i parken er bevidst om, at det er et meget følsomt naturområde, du besøger. Siden El Niño'en i 1997 bragte store mængder regn til området, er Lake Nakuru imidlertid begyndt at komme sig og har siden nået en dybde på 3-4 meter – den største dybde i over 10 år. Flamingoerne er allerede begyndt at vende tilbage i massivt antal, men selv uden dem har Lake Nakuru formået at fastholde sit renommé som ornitologernes paradis på jord. Mere end 450 forskellige fuglearter er registreret i denne forholdsvis lille park. Der er dog meget mere i nationalparken end søen, flamingoerne og de mange fuglearter. Åbent græsland, tæt bush, verdens eneste skov af kaktustræer og klipper forsyner i hundredvis af fugle og pattedyr med velegnede levesteder. Vortesvin findes i hele parken. Ved vandet finder du vandbukke og bøfler, og Thomsons gazelle ses længere inde i bushen. Det er i øvrigt i Lake Nakuru National Park, at du har chancen for at se de berømte træklatrende løver. Leoparden er også godt repræsenteret i denne park, og planlægger du at bliver her i

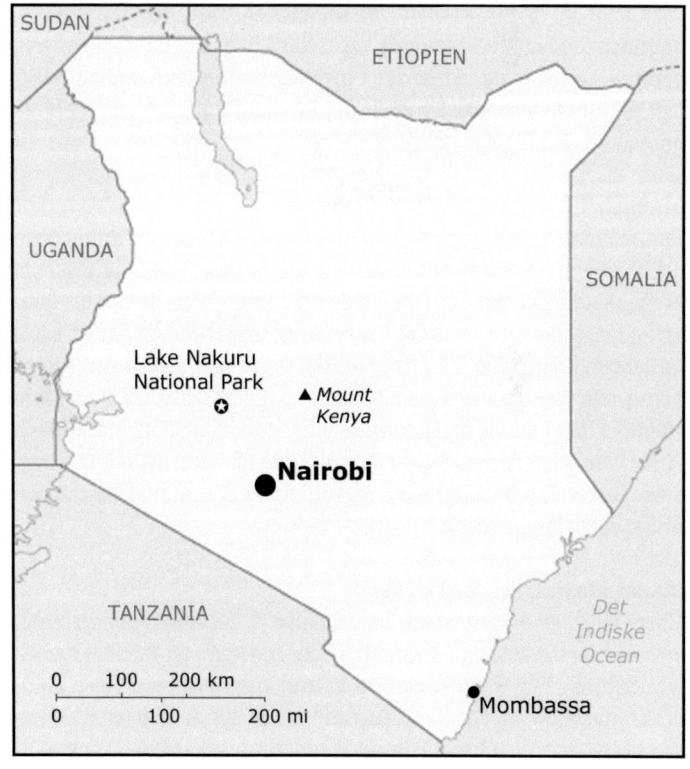

to dage i stedet for én (som er standard på mange pakkerejser), har du bedre chancer for at finde den, end noget andet sted i Kenya. Der er mange bavianer i parken, og klipperne, der omgiver parken på flere sider giver gode forhold for blandt andet mange forskellige rovfugle. Fra høje trætoppe holder fiskeørnene udkig, og derfra slår de jævnligt ned på flamingoer, der fouragerer i vandkanten. Parken er omgivet af et elektrisk hegn, som holder et mindre antal sorte og hvide næsehorn indenfor parkens beskyttelse. De hvide næsehorn er ikke hjemmehørende i Kenya, men er for år tilbage givet til parken af omkringliggende private game reserves. Det hvide næsehorn finder du oftest græssende ved søens sydlige bred. Det sorte nærehorn er temmelig sky, og befinder sig bedst i ly af den tætte bush, hvor de kan være sværere at finde. Som noget helt usædvanligt er det tilladt at stige ud af bilen ved søens bred. Glem dog aldrig, at du befinder dig i en nationalpark, og at der i bogstavelig forstand kan gemme sig løver og leoparder i græsset og buskene omkring dig. Lad din guide vurdere, hvornår det er sikkert at stige ud, og bliv i bilen, hvis du alligevel er i tvivl.

Marsabit National Park & Reserve

Denne forholdsvis lille park ligger lige udenfor byen af samme navn midt i det meget større område, der udgør reservatet. Landskabet er dækket af tæt skov, og det er hjemsted for en bred vifte af dyrearter, herunder store pattedyr som løver, leoparder, elefanter, sorte næsehorn og giraffer. På grund af den tætte skov støder du ikke på mange dyr på en tur igennem parken, og den bedste måde at se dem på er derfor at slå sig ned i området og vente på, at de kommer frem af skovens dyb. Parken ligger i et område, der for nylig har været plaget af stammeuroligheder, så undersøg den aktuelle situation inden vejen lægges forbi.

Masai Mara National Reserve

Masai Mara er den nordlige forlængelse af Serengeti økosystemet og området forsynes med vand fra floderne Mara og Talek. Reservatet udgøres af 1.510 km² åbent græsland, der er gemt af vejen i landets sydvestlige hjørne. Koncentrationen af dyr er tættest omkring reservatets vestlige kant, i de sumpede områder ved den spektaku-

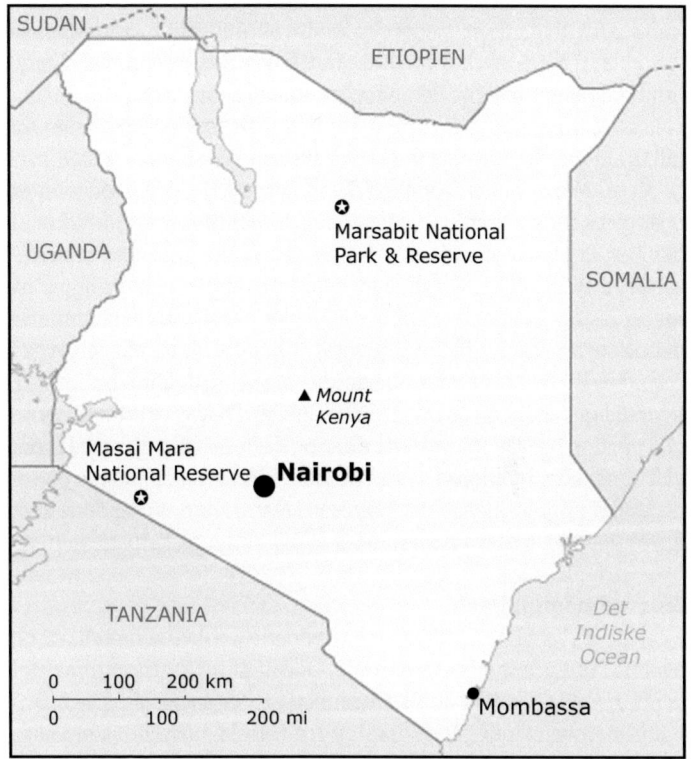

lære højderyg Oloololo Escarpment. Du skal dog være opmærksom på, at dette område kan være ufremkommeligt i regnfulde perioder. I hele Masai Mara oplever du et helt utroligt rigt dyreliv. Ofte findes mange dyrearter oven i købet på samme tid og sted. Løver forekommer i store flokke overalt i reservatet, og det er ikke sjældent at se dem jage i timerne lige efter solopgang, og igen inden solen går ned. Geparder og leoparder er sværere at få øje på, men de er begge ret almindelige i området. Elefanter, bøfler, zebraer og flodheste forekommer ligeledes i store antal i Masai Mara. Thomsons gazeller og Grants gazeller findes i meget store antal, ligesom impalaer, topi'er, Cokes hartebeest og gnuer også er udbredte. Der lever imellem 30 og 40 sorte næsehorn i Masai Mara, men de ses kun sjældent, da de er meget sky. Andre almindeligt forekommende dyr i Masai Mara omfatter masai giraf, bavian, vortesvin, sjakal, ørehund og plettet hyæne. Den uden sammenligning største attraktion i Masai Mara er gnuernes årlige vandring, der foregår i perioden fra juli til august. Bogstaveligt talt hundredtusindvis af gnuer ankommer til Masai Mara fra den nordlige del af Serengeti i deres søgen efter frisk græs, inden de atter vender om og drager tilbage sydpå i løbet af oktober. Fra fjernsynsudsendelser kender vi alle gnuernes dramatiske krydsning af bl.a. Marafloden, hvor krokodiller og løver ligger på lur og venter på mængden af byttedyr, der ganske frivilligt kommer denne vej år efter år. Det er dramatik af højeste karat, når gnuerne i tusindvis kaster sig i floden og kæmper sig vej til den modsatte bred, hvor det grønne græs og overlevelsen lokker. Desværre kræver det en god portion held at opleve dette skue, og de fleste må nøjes med synet af de endeløse dyreflokke, der er at finde i Masai Mara i denne periode. Under migrationen er det højsæson i Masai Mara, og der er næsten ligeså mange turister i reservatet, som der er dyr på dette tidspunkt.

Meru National Park
Efter at krybskytter i 1980'erne udryddede det hvide næsehorn og over 35.000 elefanter i dette område, forsvandt turisterne og området lå næsten øde hen helt op til slutningen af 1990'erne. Massive udenlandske investeringer, hovedsagligt fra franske udviklingsselskaber og IFAW (International Fund for Animal Welfare), har imidlertid sat gang i genopbygningen af parken. Vejene er blevet forbedret, og broen over Tana floden ved Adamsons Falls er restauret. Sikkerhedssituationen i parken er blevet kraftigt forbedret, og det i særdeleshed har fået turisterne til så småt at vende tilbage. I modsætning til de tørre, nærliggende naturreservater i Samburu, Buffalo Springs og Shaba, betyder den store mængde nedbør i Meru, og vandet fra de mange kilder fra Mt. Kenya, at tæt skov og krat, sump og græsområder kan give grundlag for én af de landskabsnæssigt mest varierede nationalparker i Kenya. Det høje græs og det tætte krat giver god dækning for områdets mange græsædere og de rovdyr, der lever af at jage dem. Det betyder, at dyrelivet igen er ved at være forholdsvis varieret, men det er nødvendigt at opholde sig nogle dage i parken for at få det fulde udbytte at områdets dyreliv. Selv om sikkerheds-

situationen er væsentligt forbedret, foregår der stadig krybskytteri i området, og der er derfor ikke så mange dyr som i mange af de andre nationalparker og reservater. Elefanternes stærkt reducerede tilstedeværelse betyder, at vegetationen er blevet tættere og tættere og det gør det svært at få øje på dyrene. Det til trods er det muligt at finde elefanter, løver, geparder, lesser (lille) kudu, elsdyrantiloper, vandbukke, bøfler, giraffer og Grevys zebra. I den tætte vegetation langs floder og vandløb finder du aber, krokodiller og i massevis af fugle. Den store fordel ved Meru National Park er, at du ikke på samme måde som i de fleste andre parker støder på andre mennesker ude i terrænet. Vær opmærksom på, at det er nødvendigt med en 4-hjulstrækker for at kunne manøvrere i parken.

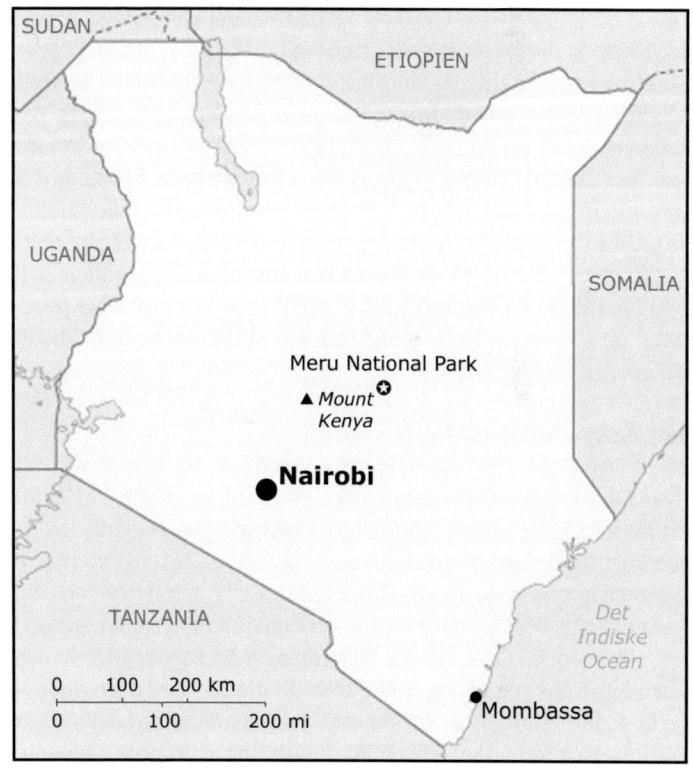

Mt. Elgon National Park

Mt. Elgon er en udslukt vulkan, og den har en ret karakteristisk form. På Masaai betyder dets navn "bjerg med form som et menneskebryst." Antallet af turister i området er ret begrænset. Dette skyldes i høj grad den afsides beliggenhed, idet Mt. Elgon ligger helt ude på grænsen imellem Kenya og Uganda. Mt. Elgons højeste punkt er Wagagai i 4.321 meters højde. Dette punkt befinder sig imidlertid på den anden side af grænsen til Uganda, så Kenya må nøjes med Koitoboss som det højeste punkt, 4.187 meter over havets overflade. På kraterbunden i 3.500 meters højde findes der stadig varme kilder og gejsere. Bjergets største attraktion er dog elefanterne, der verden over er kendt for deres forkærlighed for at udgrave salt og andre mineraler i grotterne på de lavere, østlige bjergskråninger. Desværre er antallet af elefanter i parken faldet i de seneste år pga. krybskytter, der trænger over grænsen fra Uganda. Området byder på en righoldig natur, og landskabet forandrer sig på fascinerende vis, efterhånden som du bevæger dig længere opad på bjerget. Ved foden er det indhyllet i tæt regnskov, men vegetationen ændrer sig herefter først til bambusjungle og siden til alpin hede. Blandt de dyr der ofte findes i området er bøfler, bavian, skovsvin, dykkerantiloper, Defassa vandbuk og naturligvis elefanter. I skovene ved bjergets fod finder du flere forskellige aber, bl.a. Guerezaer. Der er mere end 240 forskellige fuglearter på Mt. Elgon, herunder forskellige papegøjer og næsehornsfugle. I højderne kan du endda være heldig at opleve den sjældne lammegrib.

Mt. Kenya National Park

Mt. Kenya er Kenyas højeste bjerg, og med sine 5.199 meter er det desuden Afrikas næsthøjeste punkt. De to tinder Batian (5.199 m) og Nelion (5.188 m) kan kun nås ved teknisk bjergklatring, hvorimod det tredje højeste punkt, Lenana (4.895 m), kan nås ved mere almindelig trekking. Vandreturen derop tager dog nogle dage, og det er derfor ikke en typisk del af en safari til Kenya, men kan arrangeres som en del af rejsen. Naturen og landskabet på Mt. Kenya har meget at byde på, og indlogerer du dig på et af trætophotellerne inde i regnskoven, får du mulighed for at betragte dyrelivet fra første parket. I skovene på Mt. Kenya finder du både elefanter,

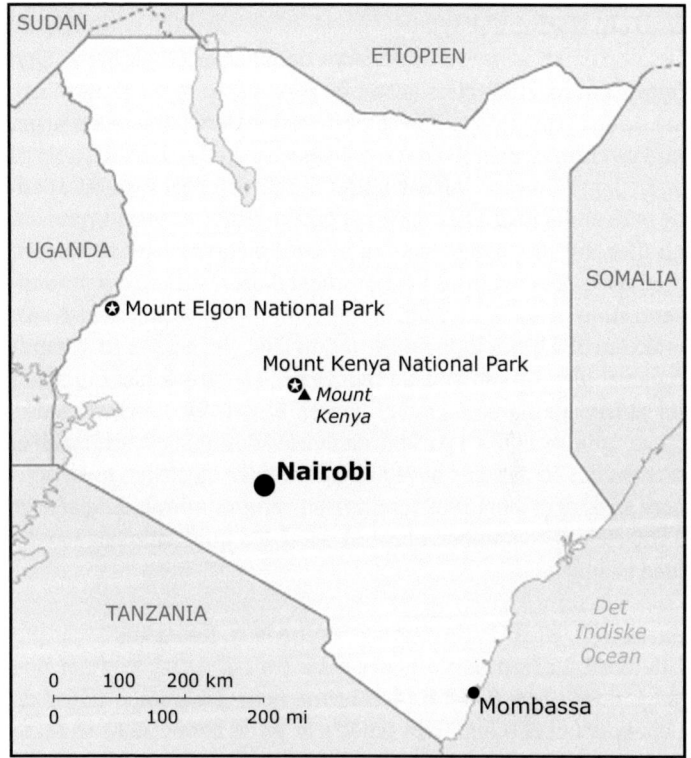

bøfler, vandbuk, Suni, dykkerantiloper, skovsvin, hyæne, leopard, caracal, bavianer og flere andre aber. Fuglelivet er meget rigt på Mt. Kenya, og i minutterne efter solopgang vækker de regnskoven til live med deres høje kald og skrig. Den vulkanske jord og de mange kilder fra bjergets top har skabt et meget frugtbart miljø, specielt på de sydlige og østlige skråninger, som modtager mest regn. Store dele er her uberørt regnskov med en helt utrolig rig og varieret flora. Oven over regnskoven glider vegetationen over i tætte bambusskove, og over disse breder mere åbne skove sig, med en bund af mindre planter. Herfra, og op til en højde omkring 4.600 meter over havets overflade, udgøres vegetationen af alpine hedeplanter. Over snegrænsen finder du kun mosser og laver.

Nairobi National Park

Denne park er den mest tilgængelige nationalpark i hele Kenya. Den ligger kun ca. et kvarters kørsel fra Nairobi, og byens skyskrabere ses da også fra parken. Nairobi National Park må ofte se sig noget undervurderet, men til trods for byens nærhed og støjen fra fly til og fra Jomo Kenyatta lufthavnen, er dyrelivet meget varieret. I denne park er der gode chancer for at opleve zebra, vortesvin, gazeller, giraffer, strudse, bøfler, leoparder, løver og geparder. Landskabet, der består af savanne og sumpområder, huser verdens største koncentration af sorte næsehorn. I vådområderne er der registreret omkring 550 forskellige fuglearter, hvilket gør parken til et sandt fugleparadis. Parken er ikke indhegnet, så dyrene har mulighed for at bevæge sig ud og ind af parken som de vil. I tørkeperioden stiger antallet af dyr i parken, da dens vådområder næsten aldrig tørrer ud. Ved parkens hovedindgang finder du stedet, hvor tidligere Præsident Moi i 1989 foretog den berømte afbrænding af over 2.500 elefantstødtænder, i protest imod den internationale handel med elfenben.

Samburu, Buffalo Springs & Shaba Nat. Reserves

Lige nord for byen Isiolo ligger disse tre reservater side om side langs floden Ewaso Ngiro (den brune flod). Tilsammen udgør de i omegnen af 300 km². I de seneste år er de blevet mere og mere populære, i takt med at den sikkerhedsmæssige situation i regionen er blevet bedre. For år tilbage hærgede halvmilitære sudanske bander i området, og det var ikke så sikkert at være turist som det burde være. Situationen er imidlertid forbedret mærkbart, og når du befinder dig i området, oplever du ingen problemer. Det Kenyanske militær har øget deres tilstedeværelse i de nordlige regioner, og det har tilsyneladende fået de sudanske og somaliske bander til at holde sig på afstand. Og gudskelov for det, for området er fantastisk at besøge. Landskabet er en blanding af steppeland, klippetoppe, halvørken og savanne. Shaba er mere kuperet og spektakulært med kilder og store kopjer (fritliggende klippeforhøjninger) rund omkring i landskabet. Det grønne, permanente bælte, der følger floden igennem alle tre parker, er områdets livsnerve. Det tilvejebringer de rette livsbetingelser for en bred vifte af

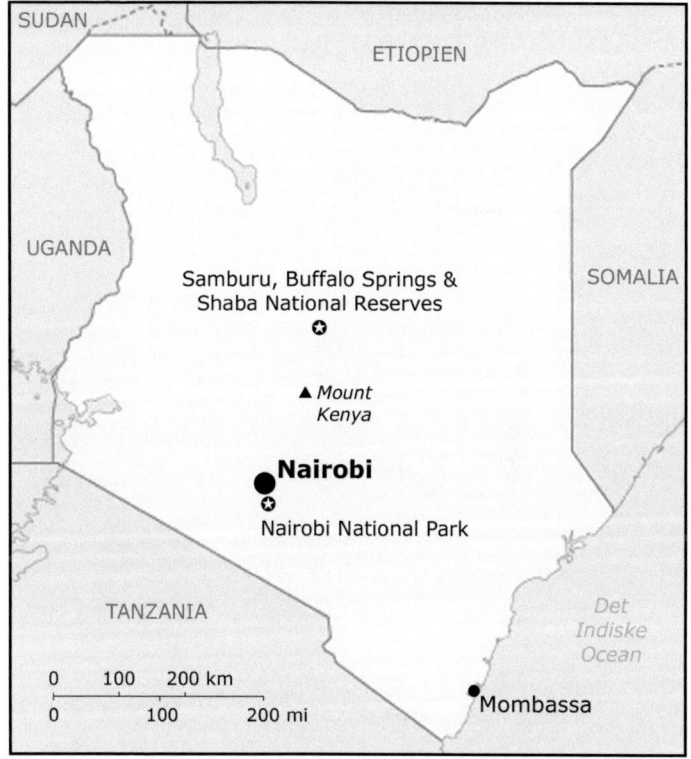

dyrearter, bl.a. Grevys zebra, somali struds, gerenuk og netgiraf. Der er så godt som garanti for tæt kontakt med elefanter, giraffer og mange forskellige gazellearter. I områderne omkring lodgene holder rangers stadig udkig efter røverbander og krybskytter. På trods af denne massive tilstedeværelse kunne rangerne ikke forhindre nedslagtningen af 25 elefanter, så sent som i 2002. Ved flere af lodgene i Samburu og Buffalo Springs arrangeres der flere gange om ugen fodring af flodens krokodiller, og der hænges mad ud for at lokke leoparderne frem af deres skjul. Dette giver naturligvis mulighed for nærbilleder af krokodillerne, men fremgangsmåden er ikke videre tiltalende. Fodringen af dyrene forstyrrer deres fordøjelse og bidrager til en unaturlig afhængighed af mennesker.

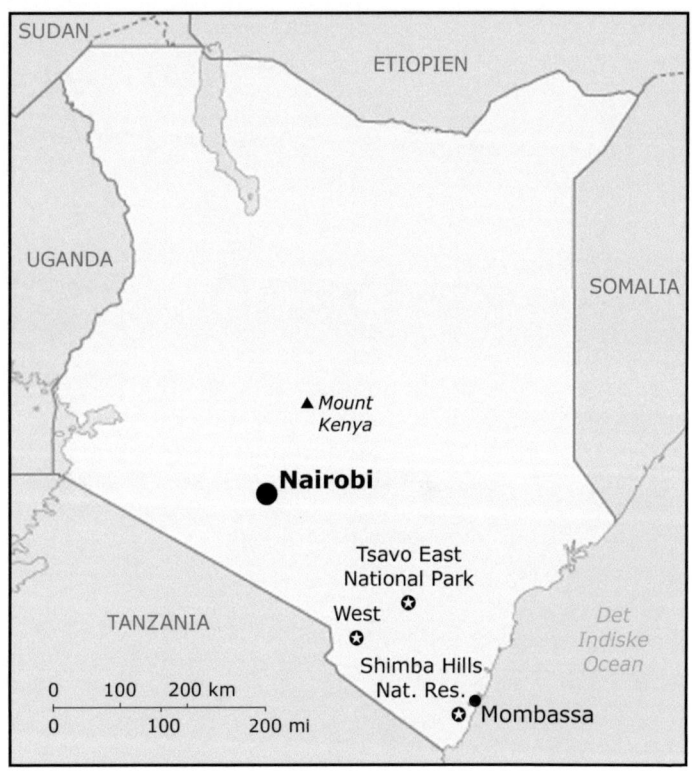

Shimba Hills National Reserve

Denne park på 320 km² består af smukke dale og bakker med lommer med tropisk regnskov. Der er talrige elefanter i parken og en god bestand af leoparder. Fuglelivet i Shimba Hills er meget rigt og varieret. Parkens mest berømte indbygger er dog den sjældne sabelantilope, som ikke findes andre steder i Kenya end her. Sabelantilopen er beskyttet i parken og er i fremgang efter at have været reduceret til under 120 individer i 1970'erne.

Tsavo National Park

Med sine 20.747 km² er Tsavo Kenyas største nationalpark. Af administrative årsager er parken opdelt i Tsavo West National Park og Tsavo East

National Park. Begge parker, der er delt af hovedvejen imellem Nairobi og Mombasa, består af storslåede landskaber med en noget højere vegetation end i f.eks. Masai Mara. Af den årsag kræver det lidt større anstrengelser at finde frem til vildtet. Særligt de store rovdyr har gode muligheder for at skjule sig. Anstrengelserne opvejes imidlertid af nogle af de mest spektakulære landskaber i Kenya, og det faktum at Tsavo National Park besøges af forholdsvis langt færre gæster end f.eks. Masai Mara. I den nordlige halvdel af Tsavo West National Park består landskabet af vidtstrakt savanne og kuperede, vulkanske bakker. I dette område ligger en del gode lodges omkring Chaimu krateret og Mzima Springs, hvor det bl.a. er muligt at finde mange flodheste. I den sydlige del af parken kommer der sjældent turister. Tsavo East National Park er mere afsidesliggende, men der findes dog lodges i området omkring Yatta Plateauet og Galana River. Sikkerhedssituationen i den nordlige del af parken er ustabil og bør kun besøges med guider, der er orienteret om den aktuelle situation. I tørkeperioden er både Tsavo West og Tsavo East tørre og støvede, men bliver grønne og farverige, når regnen vender tilbage. I 1980'erne oplevede Tsavo store problemer med krybskytteri og elefantbestanden faldt dramatisk fra omkring 45.000 til under 5.000. Det sorte næsehorn blev næsten helt udslettet i samme periode. Elefantbestanden er langsomt ved at komme sig, og er nu på omkring 8.000 individer i hele Tsavo National Park. Bestanden af sorte nærehorn, der i årene omkring 1970 blev optalt til ca. 9.000 individer, er endnu ikke kommet over 100. I de seneste år har man, med stor bekymring, oplevet krybskytteriets tilbagekomst i området.

TOP 3 LISTE OVER NATIONALPARKER

Der er meget svært at fremhæve en nationalpark eller et reservat, da de alle, på hver sin måde, har en uendelig række fascinerende naturoplevelser at byde på. Til din første safari, vil jeg alligevel anbefale dig tre parker i Kenya, som tilsammen dækker en stor del af landets meget varierede landskabstyper, plante- og dyreliv.

- ◉ Masai Mara National Reserve
- ◉ Lake Nakuru National Park
- ◉ Samburu National Reserve

Færdsel i nationalparker og reservater

Når du færdes i Kenyas nationalparker og reservater, befinder du dig i nogle af verdens rigeste naturområder – blandt nogle af verdens sjældneste og mest fascinerende skabninger. Du er derfor forpligtet til at tage vare på den sårbare natur, du er omgivet af. Med almindelig sund fornuft og respekt for naturen kommer du langt, men er du i tvivl, bør og skal følgende færdselsregler overholdes.

⊚ Bliv altid på de anviste veje og spor
Bliv på vejene og de veldefinerede hjulspor.
Lad være med at skære i, brække eller køre hen over vegetation.

⊚ Stig aldrig ud af bilen
Vilde dyr kan være livsfarlige. Bliv inde i bilen. Stå ikke på taget eller hæng ud af vinduerne. Forlad kun bilen på områder, hvor det er tilladt og sikkert.

⊚ Hold forstyrrelser af dyrene på et minimum
Vilde dyr bliver stressede, hvis de omringes af flere biler samtidig, eller hvis køretøjerne kommer for tæt på dem. Kør ikke for tæt på dyrene og følg ikke efter dyr, der vælger at bevæge sig væk. Brug ikke hornet, lav ikke bankelyde og forskræk ikke dyrene på nogen måde. Forsøg aldrig at tiltrække dyrenes opmærksomhed. Vær opmærksom på, at musik og radioafspilning ikke er tilladt.

⊚ Overhold altid fartgrænserne
Vær opmærksom på de enkelte parkers fartgrænser og respekter dem. Ved lave hastigheder er det i øvrigt lettere at finde dyrene. Dyrene har altid fortrinsret – også på vejene i parkerne.

⊚ Vis respekt for parkens andre besøgende
Omkring 5 køretøjer kan opholde sig ved dyrene ad gangen. Hvis der allerede er så mange køretøjer, når du når frem, afventer du plads med tålmodighed. Hvis nogen holder og venter på at kunne komme til, bør du ikke optage pladsen i længere tid end 10 minutter, men lade andre komme til.

⊙ Enhver fodring af dyrene er strengt forbudt

Fodring af dyrene kan forstyrre deres fordøjelse og føre til unaturlig afhængighed af mennesker. Nogle dyr, så som aber og bavianer, kan komme ind i bilen og volde stor skade i deres søgen efter føde, hvis de er blevet fodret fra køretøjer. Fodring af vilde dyr lærer dem at stjæle føde, hærge afgrøder og dræbe husdyr, hvilket forværrer konflikten imellem det vilde dyreliv og menneskene omkring det. Fodr aldrig et vildt dyr!

⊙ Brug af åben ild er strengt forbudt

Smid ikke brændende ting i naturen. En enkelt tændstik eller et cigaretskod kan føre til død og ødelæggelse for mange dyr og store naturområder.

⊙ Medtag alt affald

Affald er livsfarligt for vilde dyr. Medtag altid alt affald. Dette inkluderer cigaretpakker, filmæsker, vandflasker, madkasser og plasticposer. Behold affaldet i bilen indtil der er mulighed for at skaffe sig ordentligt af med det.

⊙ Forstyr ikke den økologiske balance

Køb, opsaml eller fjern ingen dyre- eller plantedele fra nogen nationalpark eller reservat. Dette inkluderer ben, skind, horn, hår, fjer, æg, reder, skaller, sten, planter, frø eller ådsler. Det er forbudt at røre eller flytte levende dyr, insekter, fugle og krybdyr. Det er desuden forbudt at samle brænde.

⊙ Anmeld grove overtrædelser

Beskyttelsen af Kenyas nationalparker og reservater er et fælles ansvar for turistindustrien, lokalbefolkningen og de besøgende turister. Som turist i området har du mulighed for at påvirke andres opførsel i terrænet. Hvis du overværer grove brud på ovennævnte regelsæt, kan du melde det til parkens myndigheder. Det sker ved at bede om at udfylde en "Incident Report Form" i receptionen på den lodge, hvor du opholder dig. Vigtigst er det dog, at du selv overholder reglerne og dermed medvirker til at bevare nogle af verdens mest fantastiske

☺ naturområder. Vær opmærksom på, at din guide under hele turen vil strække sig langt for at give dig den bedst mulige oplevelse. Sæt ham ikke i et ubehageligt dilemma ved at tilskynde ham til at gå på kompromis med ovennævnte regelsæt.

Tips til en endnu større oplevelse

Man taler i andre sammenhænge om at "tænke ud af boksen", når nye og bedre løsninger skal findes. I det efterfølgende, vil jeg give dig nogle idéer til, hvordan du ved at tænke "ud af pakkerejsen", kan gøre din safarirejse til den allerstørste oplevelse – skræddersyet til dine behov og ønsker. Under alle omstændigheder vil en fotosafari for de fleste være en oplevelse for livet, og for en entusiastisk naturfotograf er der tale om en rejse i paradis. Selv hvis du køber en færdig pakkerejse og lader dig flyde med strømmen, vil turen med al sandsynlighed blive en succes, men der er mange små ting, du kan gøre, for at rejsen skal blive en endnu større oplevelse. En række af disse gennemgås i det efterfølgende.

Vælg "privatsafari"
Dette er sandsynligvis det allerbedste råd, til hvordan du får den bedste safarirejse. Med privatsafari menes der grundlæggende bare, at du får din guide og dit safarikøretøj for dig selv. Resten af rejsen kan sagtens være en pakkerejse, men der åbnes samtidig mulighed for at planlægge din rejse fuldstændigt individuelt. Det kan næppe overdrives hvilken forskel, det gør at have køretøjet for dig selv (og din familie naturligvis), og selvom det er lidt dyrere end at rejse sammen med et selskab, du ikke kender, er det alle

I ballon over savannen
Solopgang over Masai Maras vidtstrakte slette.
Der er ingen huse at se. Ingen trafik. Ingen støj over-
hovedet. Kun lyden af brænderen bryder med mellem-
rum stilheden. I kurven er vinden stille, og tyve fod
nedenunder fortsætter savannen - og dyreflokkene
- så langt øjet rækker. Masai Mara National Reserve.

pengene værd. Hvis I er 4 personer, der gerne vil rejse sammen, koster det ikke engang ekstra hos nogle safariarrangører. Det giver først og fremmest en enorm frihed at have bilen for sig selv. Under gamedrives kan du køre, hvorhen du vil uden at skulle diskutere ruten med nogen. Du bestemmer selv, om der må ryges i bilen, hvor tit der skal holdes tissepauser, om du spontant vil planlægge en heldagssafari, osv.. I Kenya er safarikøretøjet ofte en minibus, og da bagagerummet kun har plads til 2 kufferter, kan du selv regne ud, hvor resten befinder sig, når du kører fra nationalpark til nationalpark – i skødet på de 6 passagerer! Med en propfuld bil kan der hurtigt blive kamp om ståpladserne under gamedrives, så det er en stor befrielse af rejse få sammen, der kender hinanden. Når du skal fotografere fra bilen, hvilket du bruger megen tid på under en fotosafari, er det helt afgørende, at bilen holdes fuldstændigt i ro. Dette er ganske enkelt en umulighed, hvis bilen er fuld af mennesker. Værre bliver det under alle omstændigheder, hvis bare en enkelt i bilen ikke har samme interesse for fotografering eller forståelse for de forhold, det kræver at fotografere i felten på safari.

Anderledes safarityper

Når du er på safari, oplever du som regel mest dyrene på gamedrives, der ligger lige efter solopgang, og lige inden solen går ned igen. Der er dog andre måder, du kan opleve dyrene og landskaberne på, og du bør overveje at prøve én eller flere af disse muligheder, når du er af sted.

Ballonsafari

Flere steder, bl.a. i Masai Mara, har du mulighed for at opleve savannen og de store dyreflokke fra luften. Det foregår i varmluftballoner, der opsendes ved solopgang, og så svæver du ud over savannen og det meget smukke landskab, der åbenbarer sig nedenfor. Det er en fantastisk oplevelse - og temmelig dyr, men den største pris, du betaler, er at gå glip af en almindelig morgen-gamedrive. Ballonturene er af varierende længde, alt efter vejrforholdene. Driller vinden, kan du allerede efter en halv times tid svæve imod grænsen til Tanzania, og så landes ballonen.

Bush-breakfast

Om morgen står du som regel op kl. ca. 06:00 og skynder dig at få en kop kaffe eller the, før du stiger ombord i bilen og kører ud på dagens første gamedrive. Omkring kl. 09:30 vender du tilbage til lodgen for at spise morgenmad. Sådan behøver det dog ikke altid at være. Nogle steder har du mulighed for at spise din morgenmad i bushen, og det bør du benytte dig af. I hvert fald en enkelt gang. En meter fra Marafloden finder du et veldækket bord, og til lyden af flodhestene, der bader, og synet af krokodillerne, der dovner i vandkanten, nyder du så din morgenmad og får endnu en stor naturoplevelse. At du ind i mellem skal passe på, at fuglene ikke drikker hele din appelsinjuice, er kun med til at fuldende en god morgen på savannen.

Vandresafari

Ved nogle lodges er der mulighed for at komme på vandresafari, hvilket vil sige en vandretur ud i det åbne land sammen med en specialuddannet guide. Dette giver en enestående mulighed for at opleve dyrene på en helt anden måde end fra safarikøretøjet, og du får en oplevelse af at være meget tæt på naturen.

Vandretur i regnskoven

Ved Mountain Lodge på Mt. Kenya har du mulighed for at komme med på en guidet vandretur i regnskoven. Guiden fortæller om regnskovens flora og fauna og også om Kenyas Mau Mau oprør. Det var i den tætte regnskov på Mt. Kenya, at oprørerne holdt sig skjult, og rundt omkring i skoven finder du stadig spor efter deres tilstedeværelse. Mau Mau oprørerne måtte i sagens natur holde sig skjult og kunne derfor heller ikke henvende sig på et almindeligt hospital, når de blev sårede. De slog sig i stedet ned midt i naturens eget medicinskab og helbredte hinanden med naturmedicin fra de utallige planter i området, der har helbredende virkninger. Under turen i Mt. Kenyas regnskov ser du aber og fugle, og kan også være heldige at se større dyr som leopard, elefanter, bøfler, skovsvin, antiloper og mange andre arter. Af samme grund ledsages du ud over den lokale guide af en bevæbnet ranger.

Natsafari

Normalt har du ikke mulighed for at tilbringe natten i det åbne landskab, men bl.a. i det private reservat Sweetwaters kan du komme på gamedrive om natten. Med lygter leder du efter dyrene, og refleksionen i deres øjne afslører, hvor de er. I træerne kan du finde nataktive dyr som bl.a. bushbabies, og hvis du er heldig, kan du opleve at komme med en løveflok på jagt. I mørket sniger flokken sig af sted i græsset og med det, der virker som nærmest telepatiske kommunikationsevner, tilpasser hvert enkelt individ sig hele tiden flokkens bevægelsesmønster. Nogle lægger sig i baghold, mens andre sniger sig ind på en bøffel eller en antilope, og når jagten endeligt sættes ind, kender hver eneste løve i flokken sin nøjagtige opgave. Det er helt utroligt fascinerende at opleve, og du vender tilbage til lodgen med en fornemmelse af ærefrygt og betagelse. Samtidig kan du få følelsen af at have været til stede for hundredtusindvis af år siden, da mennesket selv jagede – og blev jaget – på den afrikanske savanne.

Afstikkere fra den vante rute

Undersøg mulighederne grundigt sammen med rejsearrangøren og gå ikke glip af de lidt utraditionelle oplevelser under opholdet i Kenya. Eksempelvis kan du i et reservat i Sweetwaters opleve chimpanser. Selv om de ikke er hjemmehørende i Kenya, er det en stor oplevelse af stå ansigt til ansigt med vore nærmeste slægtninge i dyreriget. Reservatet blev oprettet, da borgerkrigen brød ud i Rwanda, og chimpansernes naturlige habitater blev truet eller ødelagt. To familiegrupper blev indfanget og transporteret til reservatet i Kenya, hvor de lige siden har levet og ynglet i sikkerhed for jægere og krybskytter. Chimpanserne i Sweetwaters er hegnet ind i et stort beskyttet område, der er delt af en lille flod. Floden adskiller samtidig de to familiegrupper, der lever og yngler hver for sig. Det er muligt at komme på en lille sejltur på floden, og på begge bredder kan chimpanserne studeres.

Indenrigsflyvning

Vejene i Kenya gør transporterne fra den ene nationalpark til den næste til en lidt anstrengende oplevelse. Strækningerne og køretiderne er ofte lange, og selvom køreturene giver en fremragende mulighed for at se meget mere af landet end indersiden af nationalparkerne, kan man somme tider ønske at springe en eller flere af dem over. I, eller tæt ved, de fleste nationalparker ligger der små flyvepladser (airstrips), som giver mulighed for hurtig og anderledes transport fra sted til sted. Uanset om afrikansk indenrigsflyvning måtte lyde som en halsbrækkende affære, er det en rigtig god oplevelse. Samtidig giver indenrigsflyvning i små, lavtgående fly mulighed for at tage enestående billeder af landet fra oven. Når du eksempelvis letter fra airstrip'en i Amboseli, flyver du lavt hen over sumpområderne med flokke af badende elefanter og de runde masaai landsbyer ude på savannen. Det giver mulighed for fantastiske billeder og indre blikke, som hænger ved, længe efter at du igen er hjemme i Danmark.

Vær gavmild

Danskere har ry for at give gode drikkepenge i Kenya. Der er bestemt heller ikke nogen grund til at lade være, for det kan faktisk bidrage til at gøre rejsen endnu bedre. For det første drejer det sig om beløb i størrelsesordenen 5-10 kr. ad gangen, hvilket du som dansker har råd til. For det andet vil du næsten omgående blive kvitteret med en endnu højere grad af service og hjælpsomhed. Det skal dog være sagt med det samme, at kenyanere er utroligt venlige og imødekommende i forvejen, og at serviceniveauet på Kenyas safarilodges er meget højt – drikkepenge eller ej. I Kenya får personalet på lodgene ikke direkte løn, men kost, logi og uniform. Den eneste løn, de ser, er i form af drikkepenge fra de gæster, de servicerer. Så vær gavmild! Argumentet om at personalet får sin løn for at gøre deres arbejde, passer faktisk ikke her.

DRIKKEPENGE, TYPISKE BELØB
Drager: Sh 50 pr. kuffert
Servering: Sh 100 - 200 pr. måltid for 2 personer
Rengøring: Sh 100 pr. overnatning – eller aflagt tøj eller sko
Guide: $ 5, pr. dag. pr. person i bilen

En anden god idé er, at lade dine snavsede T-shirts blive liggende i teltet eller hytten, når du rejser videre. Det kommer rengøringspersonalet til gode, og de bliver lykkelige for det ekstra tøj til deres familier derhjemme. Denne særlige form for "drikkepenge" bør du nok planlægge lidt hjemmefra, så det ikke nødvendigvis kun er de dyreste T-shirts, du pakker ned.

I modsætning til personalet på lodgene, får guiderne løn. Den er dog relativt beskeden, og deres samlede indkomst baserer sig i høj grad på drikkepenge fra de turister, de rejser med. En god guide kan gøre en safari til den mest fantastiske oplevelse, og det bør du sætte pris på – også ved hjælp af drikkepenge. Som tommelfingerregel giver du guiden et beløb svarende til 5$ pr. dag, pr. person i bilen. Rejser I 3 personer sammen løber det altså op i 15$ pr. dag, I er af sted. Har guiden bidraget til en ekstraordinær god tur (det gør han næsten altid), bør han have lidt ekstra. Rent praktisk plejer man at samle pengene sammen, evt. i en konvolut for ikke at bringe guiden i forlegenhed, og give ham dem om morgenen den sidste dag på rejsen. Sammen med et stort "tak", naturligvis.

Praktiske informationer

Safari er på mange måder en meget anderledes rejseform end andre rejsetyper. Det er derfor rart, allerede hjemmefra, at kunne forberede sig på de særlige forhold, som gør sig gældende. I det efterfølgende gennemgås de vigtigste, så du kan koncentrere dig om at nyde turen – uden ubehagelige overraskelser.

Beklædning

På safari har du brug for praktisk tøj til rejsens mange forskellige aktiviteter, og glem ikke bade- og sommertøj til perioderne midt på dagen, hvor du ofte opholder dig på lodgen og slapper af i solen. Eller i skyggen! Til mange af de øvrige aktiviteter har du faktisk brug for varmere tøj, end man umiddelbart skulle tro.

Tjekliste - Bagage

⊗

- ☐ **Pas**
- ☐ **Flybilletter og diverse rejsepapirer**
- ☐ **Vaccinationskort**
- ☐ **Dollars og Kenyanske Shilling**
- ☐ **Rejseforsikringsbevis**
- ☐ **Fotoudstyr (se checkliste på side 86)**
- ☐ **Kikkert (jo kraftigere, jo bedre)**
- ☐ **Lommelygte**
- ☐ **Malariapiller**
- ☐ **Desinfektionsmiddel**
- ☐ **Piller imod akut diarré**
- ☐ **Plaster**
- ☐ **Tarmfloraregulerende tabletter**
- ☐ **Hovedpinepiller**
- ☐ **Anden, individuel medicin**
- ☐ **Vandrestøvler**
- ☐ **Lange bukser**
- ☐ **Shorts**
- ☐ **Langærmede skjorter**
- ☐ **T-shirts, undertøj, toiletartikler m.v.**
- ☐ **Badetøj**
- ☐ **En varm trøje (gerne vindtæt)**
- ☐ **Sandaler**
- ☐ **Solcreme med høj faktor**
- ☐ **Hat eller kasket**
- ☐ **Solbriller**
- ☐ **Safarihåndbogen**

På safari

Du forlader lodgen og kører ud på morgen-gamedrive kl. ca. 06:30, hvor solen begynder at stå op. På det tidspunkt er det stadigt køligt, så en langærmet skjorte eller en bluse er nødvendig for at holde varmen. Temperaturen bliver dog hurtigt behagelig, så snart solens stråler begynder at varme luften og jorden op.

Midt på dagen kan det blive meget varmt, og det er her sommer- og badetøjet kommer ind i billedet.

Du forlader igen lodgen omkring kl. 15:30 for at køre ud på eftermiddags-gamedrivet, og på det tidspunkt er det stadig varmt. Omkring kl. 19:00 går solen ned, og temperaturen falder hurtigt. Det er derfor en god idé at medbringe en sweater eller en vindtæt overtrækstrøje for ikke at blive kold. Når du fotograferer, er det under næsten alle omstændigheder en god idé at have eksempelvis en langærmet skjorte på, da armene er meget udsatte for den stærke sol. Hvis du ikke passer på, risikerer du at få solskoldet arme og hænder. Særligt venstre arm er udsat, da det er den, der bruges til at foretage objektivindstillingerne.

Om aftenen kan det igen blive køligt på lodgen, og opholder du dig udendørs, kan det anbefales at gå med både lange ærmer og lange bukser – både for at holde på varmen, men bestemt også for at forhindre myggene i at komme til fadet.

På Mt. Kenya og Aberdare

Overnatter du i regnskoven på Mt. Kenya eller Aberdare, falder temperaturen temmelig kraftigt om aftenen og natten. Husk derfor en varm bluse, hvis du planlægger at besøge disse steder. Om natten falder temperaturen på Mt. Kenya til under 10° C og af samme grund bliver der lagt varmedunke under dynen i løbet af aftenen for at varme sengen op, inden du skal sove. Der er dog ingen grund til at medbringe gummistøvler og regnslag, da begge dele kan lånes på lodgen, hvis du gerne vil på vandretur i regnskoven. Regnslaget beskytter imod både regn og insektbid, så tag imod tilbuddet uanset om det regner, eller om du selv har medbragt en regnjakke på rejsen.

Fodtøj

Sandaler er gode i varmen, hvis du opholder dig på lodgen eller i bilen under transport og gamedrives. Skal du derimod ud i terrænet, eller planlægger du at forlade safarikøretøjet ved én af sodasøerne i Rift Valley, er vandrestøvler et rigtigt godt valg. For det første beskytter støvler fødderne og underbenene bedre imod kryb i græsset end sandaler. For det andet er søbredderne og mange andre steder i terrænet fyldt med efterladenskaber fra fugle og andet dyreliv. Endeligt kan der overalt være blødt, vådt eller ujævnt hvor du går, og vandrestøvler sikrer, at du står godt fast på underlaget.

Undgå stærkt farvet tøj

Undgå stærkt farvet tøj, da det virker skræmmende på mange dyr. Særligt postkasserød, koboltblå og citrongul bør undgås på gamedrives og færdsel i terrænet i øvrigt. I århundreder har dyrene på savannen levet side om side med Masaai'erne og de har gode grunde til at være meget vagtsomme overfor dem. Der er derfor ikke nogen beklædning, der skræmmer dem mere end eksempelvis skotskternet stof i farverne blå, rød og hvid. Dette mønster minder tilsyneladende dyrene om Masaai'ernes farvede klædedragter. Vælg i stedet tøj i jord- og naturfarver. Det samme gælder tasker, hovedbeklædning m.v., som medbringes i bilen under gamedrives.

Hovedbeklædning

Det er en god idé at medbringe en kasket eller en velegnet hat på safari. Ud over at den beskytter imod den stærke sol, giver den skygge til øjnene, så de ikke anstrenges i de lange perioder, hvor du spejder efter eller betragter dyrene. Det er meget vigtigt, at øjnene ikke overanstrenges af skarp sol, når du fotograferer, og en kasket eller hat sikrer, at du kan koncentrere dig om det, du ser i søgeren.

T-shirts

I det varme og støvede klima bruger du forholdsvis mange T-shirts, så husk at få rigeligt med i kufferten. Overvej i den forbindelse at tage en del slidte eller gamle T-shirts med i stedet for nye og dyre. Når de er brugt under rejsen, efterlader du dem bare i dit telt eller hytte på lodgen, når du rejser videre. På den måde tjener de som en meget værdsat form for "drikkepenge" til rengøringspersonalet. og deres familier. Samtidig giver det mere plads i kufferten til det, du måtte ønske at købe med hjem fra rejsen.

Pas på helbredet undervejs

For naturfotografer er Kenya et paradis på jorden. For andre på safari er der ofte tale om en oplevelse, man kun får en enkelt gang i livet. Det er derfor vigtigt at holde sig sund og rask under hele turen og derved få mest muligt ud af den fantastiske oplevelse, det er at rejse i nogle af verdens mest storslåede naturområder.

Transportsyge

Rejsen fra Danmark til Kenya er lang, og selvom tidsforskellen er lille, kan turen trække på kræfterne. De fleste safariarrangører anbefaler derfor ofte en overnatning i Nairobi, inden den rigtige safari begynder. Det er et temperamentsspørgsmål, om du bør vælge dette, og det er naturligvis tillokkende at lade sig hente af guiden i lufthavnen og begive sig direkte af sted på safari. Kenya er 2 timer foran dansk normaltid og 1 time foran dansk sommertid.

Sygdomme

Tropiske egne er hjemsted for alle mulige forskellige sygdomme og farer i form af slanger og andre dyr, men den største fare er som regel én, du kender hjemmefra – trafikuheld. Denne fare er bestemt ikke ubetydelig i Kenya, og da vejene oveni købet er i meget dårlig stand, skal kørsel på egen hånd frarådes. Alle med et almindeligt godt helbred kan roligt tage på safari. Hvis du har særlige lidelser, bør din egen læge spørges til råds. Malaria er et problem, der skal tages vare på. Der findes ingen 100 % sikre midler imod malaria, men ret effektive, forebyggende midler er tilgængelige. Malaria overføres af myg, og det er derfor tilrådeligt at minimere antallet af myggestik under rejsen. Sørg for at være tildækket med lange bukser og lange ærmer tidligt om morgenen og om aftenen og brug myggebalsam eller myggespray. Vær opmærksom på at begge dele opløser plast og gummi (herunder pakninger), hvorfor du skal passe på, at det ikke kommer i kontakt med fotoudstyr og lignende. Pas på med at få for meget sol. Brug rigeligt med solcreme og brug hat eller kasket. Når du fotograferer, er det en god idé at bruge lange ærmer, da du ellers risikerer at få forbrændinger. Særligt venstre arm, der støtter kameraet, er udsat. Drik altid rigeligt med vand, og vær opmærksom på at holde igen med fysisk aktivitet, hvis trætheden begynder at sætte ind. Indstil aktiviteten inden det er for sent. Overanstrengelse i den kenyanske varme kan tage lang tid at komme sig over.

Medbring desinfektionsmiddel imod rifter og småskrammer, og brug rigeligt af det, hvis behovet skulle opstå. Hvis du er afhængig af medicin, er det en god idé at medbringe en del af den i håndbagagen på flyet og resten i kufferten. Så er du sikret, hvis én af delene imod forventning skulle bortkomme eller blive forsinket under rejsen.

MYGGEBALSAM

Det er en rigtig god idé at medbringe myggebalsam på safari. Særligt om aftenen, efter mørkets frembrud, er de små vampyrer på spil. Du kan købe myggebalsam hjemmefra, men det er bedre at købe det i Kenya. Myggene har det med at vænne sig til de midler, man bruger imod dem, så derfor introduceres der løbende nye typer. I Kenya kan du købe en myggebalsam, som virker dér.

Vaccinationer

I forbindelse med almindelige safarier i Kenya anbefales som regel følgende vaccinationer: Difteri, Gul feber, Hepatitis A (smitsom leverbetændelse) og stivkrampe. Desuden er det tilrådeligt at beskyttes sig imod malaria under rejsen. Der findes en del forskellige produkter på markedet, og mærket Malerone kan varmt anbefales. Husk at vaccinationen imod ovennævnte sygdomme skal ske senest 10 dage inden afrejsen.

Behovet for vaccinationer i de forskellige områder ændrer sig løbende, så vurdér altid behovet ud fra den aktuelle situation.

Hvis du er i tvivl, bør egen læge eller Serum Instituttet kontaktes. Sidstnævnte foretager i øvrigt alle former for vaccinationer på stedet, og så er det overstået. Yderligere information er desuden til rådighed på bl.a. www.rejsedoktor.dk

Slanger, edderkopper og skorpioner

Selv om der findes 126 forskellige slangearter i Kenya, skal du være meget heldig for at støde på én, og der er ingen grund til at være nervøs for at blive bidt. Du skal dog ikke udfordre skæbnen – heller ikke med ikke-giftige slanger, hvis bid kan resultere i alvorlige infektioner. Brug altid vandre- eller gummistøvler på gåture i højt græs og stik ikke fingrene i skyggefulde huller i træer, klipper eller i jorden. Edderkopper og skorpioner skal du også holde dig fra, og det er en god idé at vende dine sko en gang på hovedet, inden du stikker fødderne i dem. Det skal dog siges, at i Kenya gøres der faktisk meget for at holde slangerne væk fra lodge-områderne. Store områder rundt om hver lodge bliver med jævne mellemrum sprøjtet med et middel, der afgiver en lugt, som ikke kan opfattes af mennesker, men som holder slangerne på afstand. Disse anstrengelser er langt større end dem, der bliver lagt for dagen i lande som eksempelvis Thailand, Indien og Australien.

Mad og vand

Hvis du er indkvarteret på lodge i Kenyas nationalparker, vil du blive meget positivt overrasket over kvalitetsniveauet. Mange danske restauranter ville misunde disse steder både deres kokke og deres råvarer. Maden er oftest af meget høj kvalitet, og hygiejnemæssigt finder du ikke noget at beklage dig over. Som det dog også gælder på ferier i Sydeuropa er bakteriefloraen ander-

Elefanter | Loxodonta Africana
Udenfor yngletiden holder elefanttyrene sig oftest for sig selv. De to gamle tyre på billedet har imidlertid fundet sammen og tilbringer en tid i hinandens selskab. Masai Mara National Reserve.

ledes, og det kan give problemer for vores danske maver. Det kan derfor anbefales at spise tabletter, der regulerer tarmfloraen og udelukkende drikke vand fra plomberede flasker. Flaskevand behøver du ikke at bekymre dig om. Det findes overalt på indkvarteringsstederne. Er du på teltsafari, hvor maden laves under mere primitive forhold, er der grund til ekstra opmærksomhed. Medbring for alle tilfældes skyld tabletter imod akut diarré. De fås på apoteket uden recept.

DRIK RIGELIGT MED VÆSKE
Det er varmt i Kenya, så husk altid at drikke rigeligt vand, så du ikke dehydrerer. Du kan evt. bede din guide om at indkøbe vand, sodavand eller andet til turen. Aftal det med ham én af de første dage – så er du sikret, at der altid er drikkevarer i safarikøretøjet under turen. Du betaler ham forud, så han har noget at handle ind for.

HUSK AT "TISSE AF" INDEN GAMEDRIVES
Hvis du bliver trængende på en gamedrive, får du ikke lov at forrette din nødtørft diskret bag et træ, hvor løver og andre rovdyr kan ligge skjult. Hvis guiden vurderer, at det er sikkert, vil du tværtimod "få lov" ude midt på savannen, hvor guiden kan holde øje med evt. farlige dyr, der nærmer sig!

Hvis du bliver syg
Langt de fleste lodges har en læge eller en sygeplejerske tilknyttet. Hvis du skulle få brug for at blive tilset af en læge, kan du bede din guide tage kontakt til ham eller henvende dig på lodgens kontor. Hvis du bliver mere alvorligt syg, eller får brug for hospitalsindlæggelse eller hjemtransport, skal du kontakte dit rejseforsikringsselskab og rejsearrangør. Sammen med dit rejseforsikringsbevis, modtager du, fra rejseforsikringsselskabet, som regel en udførlig beskrivelse af, hvordan du skal forholde dig i tilfælde af alvorlig sygdom. Kenya har gode hospitaler og dygtige læger. Der eksisterer desuden en Flying-Doctor-service, som sørger for transporten til det nærmeste hospital.

Valuta

Møntfoden i Kenya er kenyanske shilling (Sh). 1 shilling er lig med 100 cent. Amerikanske dollars kan ligeledes bruges som betalingsmiddel. VISA-kort accepteres på de fleste hoteller og lodges, men forvent ikke at kunne betale med kreditkort mange andre steder. Det er muligt at hæve penge i pengeautomater i de større banker, men forvent ikke at komme forbi en bank på din safari. De større banker ligger inde i de større byer, og dem kommer du ikke igennem på turen. Hav derfor rigeligt med kontanter med hjemmefra. Du kan få kenyanske shilling i din bank, men vær opmærksom på, at de indimellem skal bestilles, hvilket tager nogle dage. Sørg for at få så små sedler som muligt, da byttepenge ofte er et problem. Forsøg desuden at betale med større sedler end nødvendigt på rejsen for på den måde at samle mønter og små sedler. Du vil flere gange dagligt få brug for dem, når du skal lægge drikkepenge. Medbring også amerikanske dollars i kontanter. Når du ankommer til Jomo Kenyatta Lufthavnen, kan du veksle penge i banken i transitområdet. Det er sandsynligvis den eneste bank, du får mulighed for at veksel penge i på turen. Banken ligger før paskontrollen, så pas på ikke at gå for langt, hvis du planlægger at veksle.

Visum

Som dansk statsborger, skal du have visum til Kenya. Proceduren er dog yderst simpel, da du ved ankomsten køber det for $ 50 (i kontanter) i lufthavnen. Visumansøgningen udleveres i flyet, eller du finder en blanket i lufthavnen. Det er også muligt at udfylde ansøgningsblanketten på www.kenya-airways.com

Lufthavnsskat

Ved hjemrejsen skal du betale $ 20 i lufthavnsskat. Beløbet skal betales kontant. Sørg for at betale det nøjagtige beløb, da du vil få penge tilbage i shilling.

Pakning og prioritering af fotoudstyr og bagage

På flyrejsen til Kenya har du normalt en bagagebegrænsning på 1 stk. kuffert á max 20 kg og 1 stk. håndbagage á max 5 kg. Samtidig er der et mål for, hvor meget kabinebagagen må fylde. Endeligt skal du være opmærksom på, at hvis du skal flyve indenrigs imellem nogle af nationalparkerne, er bagagebegrænsningen ofte 15 kg, hvilket dermed udgør det samlede max pr. person for bagage til hele rejsen! Det skal dog være sagt med det samme, at kufferterne ikke bliver vejet på en guldvægt, inden de kastes ombord på de små indenrigsfly. Bagagebegrænsningerne stiller krav til hvilket udstyr og øvrig bagage, du kan medbringe, og hvordan det bør pakkes. Når du som naturfotograf rejser på fotosafari er denne udfordring til at tage at føle på, da fotoudstyret alene ofte kan overskride hele den tilladte bagagemængde. Det er derfor vigtigt at prioritere udstyret rigtigt, og da du må forvente, at kufferten under rejsen vil blive håndteret hårdhændet, skal du også overveje, hvordan du transporterer det mest følsomme udstyr. Som udgangspunkt pakkes alt tøj, vandrestøvler, m.v. i kufferten, da det vil være spild af kostbar plads at komme det i håndbagagen. Større og tungere udstyr som stativ (ikke den største model), kikkert, lommelygte og lignende pakkes også i kufferten. Dette udstyr vil kunne klare håndteringen under flyrejsen. I håndbagagen pakkes alt det fotoudstyr, der enten er for følsomt til at klare turen i kufferten eller temperatursvingningerne i flyets lastrum, samt det udstyr, som ikke vil kunne undværes, hvis kufferten skulle blive forsinket. Det vil sige kamerahus, objektiver, batterier, batterilader, strømforsyning, stikadapter, hukommelseskort, transportabel datalagerenhed og tilhørende batterier og strømforsyning eller bærbar PC. Flashudstyr kan dog i nødstilfælde undværes, hvorfor det godt kan pakkes i kufferten. Det samme kan trådudløser og evt. fjernudløser, da de alligevel ikke vil være til meget nytte, hvis stativet skulle blive forsinket sammen med kufferten. Da det er følsomt overfor stød, er det en god idé at pakke det godt ind i tøj og placere det i kuffertens centrum. Bøger og lignende bør også pakkes i kufferten for at spare plads i håndbagagen. Det er i øvrigt en god idé at medbringe nødvendig, personlig medicin og lignende i håndbagagen sammen med pas, evt. visum, vaccinationskort, penge og lignende. Den store udfordring viser sig hurtigt at være håndbagagen, da godt fotoudstyr er tungt, og meget fotoudstyr er meget tungt. Hvordan du bedst løser dette problem er beskrevet nedenfor.

GAVER TIL BØRNENE

Det er en god idé at medbringe kuglepenne til nogle af de børn, du vil møde på din vej fra den ene nationalpark til den næste. I skolen skal de selv medbringe skriveredskaber, så hvis du giver dem nogle gode kuglepenne, sparer deres forældre udgiften og besværet med at finde skriveredskaber på markederne rundt omkring. Kuglepenne er bedre at give end blyanter, da der kan være meget langt imellem blyantspidserne i Kenya.

Håndbagage i fly

Det er altid en stor hjælp, hvis du rejser sammen med én, der ikke medbringer fotoudstyr i samme omfang, som du selv. I så fald kan du samle alt ikke-fotorelateret i den enes håndbagage (evt. sammen med et enkelt tungt objektiv) og fotoudstyret i den andens. Det vil dog ofte stadig være meget svært at komme under de 5 kg, som de fleste flyselskaber foreskriver. Alene et kamerahus og 2-3 lysstærke objektiver vejer ikke under 5 kg og med alle de andre uundværlige småting, der ikke kan transporteres i kufferten, er du hurtigt oppe på 9-10 kg. Kraftige, lysstærke teleobjektiver er både store og tunge og bør ikke medtages i håndbagagen. Da de imidlertid ofte repræsenterer en værdi svarende til en middelstor, brugt familiebil bør de transporteres i eksempelvis en PeliCase (se afsnittet om kameratasker, side 71), der er specielt fremstillet til formålet. Det er lidt ironisk, at du uden problemer kan gå ombord i flyet med 30 kg utilsløret overvægt på sidebenene, men hvis overvægten ligger i håndbagagen, koster den den mindre formue at få med ombord. Problemet er hurtigt løst ved at rejse på First Class eller Business

Class, hvor forholdene omkring håndbagage er mere lempelige. Det er dog uforholdsmæssigt dyrt og skal på ingen måde anbefales her. Det er i stedet en god idé at tjekke ind tidligt. Så er de ikke så emsige ved check-in skranken, og hvis du mander dig lidt op under vægten fra din håndbagage (der nonchalant bæres over kun den ene skulder) bliver du ikke underkastet en nærmere undersøgelse. En fotorygsæk ser i øvrigt altid spændende ud, når den gennemlyses i security området, så vær klar til at tage forsigtigt vare på den, når den skal åbnes for nærmere inspektion.

Ventetid...
At vente på at gnuerne skal krydse floden, er en lektie i tålmodighed. Krydsningen kan imidlertid begynde når som helst, så det er, som altid, vigtigt at have udstyret parat. Masai Mara National Reserve.

NATURFOTOGRAFERING PÅ SAFARI

Del 2

I den 7. himmel

For en naturfotograf er safari i Kenya som den syvende himmel. Meget få steder i verden har du mulighed for at omgive dig med så talrige, forholdsvist let tilgængelige, og utroligt spændende dyrearter, som på den afrikanske savanne. Der er fantastiske motiver i overflod, og du bliver sandsynligvis fuldstændigt opslugt af arbejdet bag kameraet. Fotografering på safari stiller imidlertid en lang række særlige krav til både udstyr og teknik, hvis du ønsker det bedst mulige resultat af dine anstrengelser. Alle disse særlige forhold gennemgås i det efterfølgende, så du kan forberede dig og få de billeder med hjem, som du drømmer om.

Denne del af Safarihåndbogen henvender sig særligt til den ambitiøse naturfotograf, men den indeholder også mange gode råd og tips til den almindelige safarirejsende, som ønsker at få nogle rigtigt gode dyrebilleder med hjem fra rejsen. Til den sidstnævnte målgruppe, som ikke nødvendigvis har investeret i det dyreste fotoudstyr, har jeg skrevet et særligt afsnit med tips til, hvordan du får mest muligt ud af dit helt almindelige kamera (se side 78).

Fotoudstyr

Der er nogen, der mener, at fotoudstyret ikke betyder noget, men at det udelukkende er mennesket bag kameraet, der er afgørende for hvilke resultater, der kommer ud af anstrengelserne. Det er noget sludder. En dygtig fotograf kan ofte tage gode billeder selv med dårligt udstyr, men han kan naturligvis tage endnu bedre billeder med godt udstyr. Det er derfor meget vigtigt, at det rette udstyr er til rådighed, og at du kan håndtere det rigtigt, hvis du vil have det optimale ud af en fotosafari. Derudover er sandsynligheden, for at noget går i stykker under rejsen, mindre, hvis du arbejder med kvalitetsudstyr. Uanset rejsens længde er tiden desværre begrænset, når du er af sted. Det vil derfor være utroligt ærgerligt, hvis du skal bruge tiden på dårligt fungerende udstyr og gå glip af enestående fotomuligheder. Køb derfor altid det bedste, du har råd til, og vær opmærksom på at en brugt topmodel, uanset om der er tale om kamerahus eller objektiver, næsten altid vil være et bedre køb end en splinterny, halvgod model. Kameraer er dyre, men sammenholdt med de øvrige omkostninger til udstyr, udgør de kun en mindre del, så vær bevidst om hvor du vælger at spare.

Kamera

Til naturfotografering er valget af kamera let. Kun et moderne spejlrefleksamera kombinerer høj billedkvalitet med behovet for forholdsvist kompakt udstyr. Mellemformatudstyr er for stort og tungt at slæbe rundt på, og selv om et kompaktkamera kan bruges til familiefotos under turen, er det praktisk talt uanvendeligt til ambitiøs fotografering af vilde dyr. På markedet er der et stort udvalg af forskellige fabrikater, og det kan anbefales at undersøge mulighederne grundigt, inden du køber dit første udstyr. Når du vælger fabrikat, vælger du samtidig objektivserie, og når det er sket, kan det være en meget bekostelig affære at skifte fabrikat senere. Vær samtidig opmærksom på at ikke alle fabrikater har lige brede objektivserier og udstyrsmuligheder i øvrigt, hvilket hurtigt bliver en begrænsning, efterhånden som ambitionerne stiger. Selv et godt kamera kan gå i stykker på et uheldigt tidspunkt, og selv om det er uhyre sjældent, at det sker, er det en god idé at medbringe et ekstra kamerahus. Det bedste er at have et ekstra svarende til dit primære kamera, da det kan være forvirrende, at knapperne pludseligt sidder et andet sted, end fingrene er vant til, eller at funktionaliteten er anderledes. At befinde sig i den vilde natur med motiver i overflod omkring sig, er enhver naturfotografs drøm. Når du er så heldig at befinde dig i netop den situation, skal du udnytte tiden til fulde og nyde hvert sekund. Du skal ikke sidde og spekulere over, hvordan pokker du finder den ene eller den anden indstilling på dit reservekamera. En ekstra fordel ved at medbringe et reservekamera er, at du kan have dem begge monteret med hvert sin brændvidde. Tele på den ene og vidvinkel på den anden. På den måde skifter du hurtigere brændvidde, og samtidig undgår du, at støv trænger ind i kameraet under de mange objektivskift, der ellers er nødvendige.

Et godt kamera
til naturfotografering bør have...

⊙ **Et bredt udvalg af udskiftelige objektiver**

⊙ **Modstandsdygtighed overfor vand, fugt, støv og stød**

⊙ **Et søgerfelt der dækker 95-100 % af billedfeltet**

⊙ **Et autofokussystem med en fokussensor, der giver mulighed for frit at vælge fokuspunkt, samt kontinuerlig fokusering på bevægelige motiver**

⊙ **Mulighed for evalueret, partiel og centervægtet lysmåling.**

⊙ **Hurtig lukkerhastighed (mindst 1/1000) og high-speed flash-synkronisering (op til 1/250 eller hurtigere)**

⊙ **Auto-bracketing i 1/3 eller 1/2 stop**

⊙ **Eksponeringskompensation**

⊙ **TTL lysmåling**

⊙ **Blændeprioritering, lukkerprioritering og manuel eksponeringskontrol**

⊙ **Mulighed for hurtig, kontinuerlig optagelse af billeder i serier på op til mindst 9 billeder pr. serie**

⊙ **Mulighed for manuel indstilling af hvidbalance**

⊙ **Kompabilitet med så stort et udstyrsprogram som muligt**

Objektiver

Billeder af store pattedyr kræver objektiver med en brændvidde på imellem 135 og 300 mm. Flokke af større pattedyr imellem 28 og 135 mm. Med et zoom-objektiv der dækker området fra 28-70 mm, og et andet der dækker fra 70-300 mm, er du dermed dækket godt ind. Til fugle og mindre pattedyr er det imidlertid ofte nødvendigt med mindst 400 mm for at opfange detaljer. Hvis der er penge til det, og vægten ikke er noget problem, vil det dog være endnu bedre med en lysstærk 300 mm med en telekonverter, eller en 500 eller 600 mm. Hvis du kan leve med en dårligere billedkvalitet, fast lille blænde og manuel fokusering, er et spejlobjektiv et let og billigt alternativ. En yderligere ulempe ved denne objektivtype er dog den måde, spejlobjektiver opfanger slørede baggrunde på. Ofte gengives disse plettede eller med tydelige, slørede ringe, hvilket på ingen måde ser naturligt ud. Denne ulempe alene udelukker som regel spejlobjektiver som en mulighed for den kræsne naturfotograf. Selv om de lange brændvidder er uundværlige ved fotografering af vilde dyr i deres naturlige omgivelser, er vidvinkelobjektiverne påkrævede i forbindelsen med fotografering af dyrenes habitater og skjul, og de landskaber du passerer igennem. Til fotografering af mennesker undervejs og under ophold på lodges er det ligeledes nødvendigt med de korte brændvidder. Ofte vil en vidvinkelzoom dække hele det nødvendige område. I forbindelse med vidvinkelobjektiver er det vigtigt at også disse er af høj kvalitet. Billige vidvinkelobjektiver har ofte en tendens til at fortegne motivets linier i billedfeltets yderkanter. Dette giver særligt problemer ved fotografering i skove eller andre motiver med træer og andre lodrette linier i billedfeltet. Til fotografering af mindre krybdyr, padder og insekter er det vigtigt at dine objektiver har en kort fokuseringsafstand. En del gode objektiver har en fornuftig fokuseringsafstand, men hvis du planlægger at lave mange næroptagelser, bør du overveje et decideret makroobjektiv til opgaven. Det er muligt at forlænge et objektivs brændvidde (og dermed forstørrelsesfaktor) ved at montere en telekonverter imellem objektivet og selve kamerahuset. En 1,4x telekonverter vil eksempelvis konvertere en 300 mm til en 420 mm. En 2x telekonverter vil konvertere den til en 600 mm. Det lys, der skal igennem objektivet, får samtidig forlænget sin bane, og det "koster" populært sagt tilsvarende 1,4x eller 2x blændeværdien. Objektivet med konverter kræver en længere eksponering (bliver mindre lysstærkt). En f/2.8 300 mm med en 2x telekonverter svarer altså til en f/5,6 600 mm, men den er samtidig både mindre og lettere end et f/5,6 600 mm teleobjektiv. Dette er bestemt værd at notere sig, når man planlægger en fotosafari, hvor både vægt og plads er begrænset af flyselskabet. Der er altså her mulighed for at reducere både vægt og pladsbehov, når bagagen skal pakkes. Når du skal købe en telekonverter, er det vigtigt, at du køber en konverter af høj kvalitet og af samme fabrikat som det objektiv, den skal bruges sammen med. Går du på kompromis her, kommer det til at gå ud over både billedkvaliteten og kameraets og objektivets funktionalitet. Det er muligt at bruge to telekonvertere sammen, men det sker ikke uden omkostninger for billedkvaliteten.

Både kameraer og objektiver samler meget støv i tørre, tropiske egne. Støvet kommer ind overalt, særligt på zoomobjektiver eller andet udstyr med bevægelige dele, og grundig, daglig rensning er ofte påkrævet. Pas altid meget på støv, når objektiverne skiftes, og kontroller altid objektivets kontakter og det bageste linseelement inden montering. Meget skidt er blevet skovlet ind i kameraer, når objektiver kritikløst er blevet skiftet. Vær desuden opmærksom på, at både myggebalsam og solcreme opløser plast og gummi og bør derfor holdes langt væk fra følsomt fotoudstyr, gummipakninger og den slags.

Stativer

Normalt siger man, at jo tungere et stativ man bruger jo bedre. Når du som flyrejsende skal på fotosafari, bliver du dog nødt til at gå lidt på kompromis med det optimale. I stedet for et stort, kraftigt stativ bør du til en fotosafari vælge et mindre stativ, der uden større problemer kan være i kufferten, eller hvad du ellers vælger at transportere din bagage i. Et kulfiberstativ er både stærkest, lettest og stivest, men er naturligvis også dyrest. Omvendt kan et metalstativ godt risikere at blive slået skævt under transporten.

Det er desuden en god idé at medbringe et separat stativ til flashen, og i modsætning til det primære stativ bør det være så let og lille som muligt – forudsat, at det kan nå op i den nødvendige højde. Én ting er selve stativet. En anden ting er hovedet på stativet, der er lige så vigtigt. Et kuglehoved eller et mindre panoramahoved vil kunne anvendes til objektiver op til 300 mm, men større objektiver kræver større hoveder, hvis det ikke skal være umuligt at indstille dem præcist. Et panoramahoved kan anbefales til de fleste objektiver, hvis der kun er plads til et enkelt "hoved" i bagagen. Uanset hvilket objektiv og stativhoved du beslutter dig for, skal du selv transportere det overalt, hvor du planlægger at færdes. Det er derfor vigtigt, at man ikke overvurderer sin egen udholdenhed. På safari vil du kunne fotografere fra køretøjet det meste af tiden, og her giver en ærtepose faktisk bedre støtte og fleksibilitet end et stativ. Det er meget svært at opstille et stativ fornuftigt i et køretøj, med mindre du er alene i det, og selv da vil det ofte kræve mere plads, end du har til rådighed. Et etbensstativ monteret med et kuglehoved kræver meget mindre plads og kan derfor være et godt alternativ. Hvis det samtidig støttes op ad et fast punkt, kan det give god støtte, men ofte være besværligt og ufleksibelt, når du med hyppige mellemrum flytter dig rundt i køretøjet eller skifter side. Du kan naturligvis altid støtte objektivet imod vindueskarmene og taget på køretøjet, men det er meget bedre med den større og blødere støtte, en ærtepose giver. Samtidig opfanger en ærtepose mange af de små vibrationer, der uvægerligt er i en bil – også selv om du forholder dig helt stille. En ærtepose kan af vægthensyn under flyrejsen evt. medbringes tom og efterfølgende fyldes op med kikærter, bønner, nødder, linser eller ris på den første lodge, du indlogerer dig på. Uanset om du bruger stativ eller ærtepose ved fotografering fra et køretøj, er det altafgørende, at køretøjet som helhed er helt roligt under arbejdet. Det vil sige, at alle ombordværende forholder sig helt roligt. Ikke bare roligt, men helt roligt – og at guiden slukker motoren under fotograferingen. Selv de små vibrationer fra en motor i tomgang er nok til at ryste kameraet og gøre det umuligt at tage billeder af høj, teknisk kvalitet. Ind i mellem er det nødvendigt at fotografere uden støtte fra enten et stativ eller en ærtepose, og så må du i stedet koncentrerer dig om selv at holde kamera og objektiv helt roligt. Det kunne eksempelvis være aktuelt i forbindelse med fotografering af fugle i flugt eller actionbilleder af forskellig karakter. Her er det vigtigt at gøre sig klart, at det normalt ikke er muligt at holde brændvidder over 300 mm roligt nok i hånden, til at resultatet bliver tilfredsstillende. Jo større og tungere teleobjektiv, jo mere udtalt bliver problemet, og jo længere tid du står med udstyret i hånden og trættes, jo sværere bliver det at holde musklerne i armene i ro. Hvis du ikke har prøvet at stå i den beskrevne situation, lyder dette muligvis langt ude, men det er det bestemt ikke. Det kan være rigtig sjovt at fotografere håndholdt med store teler, men resultatet kan desværre sjældent bruges til noget seriøst. Vær derfor altid omhyggelig med at understøtte objektivet, og hold altid hele køretøjet i ro, når der fotograferes.

Flash

Hvis du er vant til at arbejde med flash, bliver det hurtigt en uundværlig del af udstyret. Også på en fotosafari. Både til fotografering i dagslys og i mørke. Brug så kraftig en flash som muligt, da en kraftig model vil være anvendelig på længere afstande. Med moderne udstyr er det nemt at arbejde med flash. Selv hvis du ikke har den store øvelse. Alle moderne kameraer giver mulighed for TTL lysmåling, hvilket betyder, at lyset måles direkte igennem objektivet, og at du derfor ikke behøver at foretage nogen form for besværlige kalkulationer eller særlige indstillinger for at få veleksponerede billeder med flash. Du monterer flashen, sætter eksponeringen på P (program) eller Av (blændeprioritering) og tager billedet. For at undgå kamerarystelser, når det er mørkt, kan det dog anbefales at bruge indstillingen Tv (lukkerprioritering) og sætte lukkertiden til eksempelvis 1/250 med TTL lysmåling. For at flash-lyset ikke skal give for kraftigt, direkte lys, kan det anbefales at holde flashen væk fra kameraet ved hjælp at et særligt kabel, der fås til formålet. Så holdes kameraet med den ene hånd, og flashen med den anden. På den måde er du bedre herre over lysets retning, og hvordan skyggerne falder på motivet. Det giver mere naturlige billeder. Flash er ikke kun til fotografering i mørke, men i høj grad også til brug i dagslys, hvor lidt flashlys på et ellers kedeligt motiv kan bidrage til at give hele billedet liv. Særligt ved motiver, hvor helt afgørende detaljer ligger i skygge, kan en flash være forskellen på et kedeligt billede og et levende portræt. Det bedste er naturligvis, hvis sollyset kan udnyttes til formålet, men i mangel af bedre kan en flash ofte redde situationen.

Kamerataske

Det kræver sin kamerataske både at beskytte udstyret under rejsen til Kenya, under transporten på de dårlige veje imellem national-parkerne og flittig brug under turen. Det er derfor vigtigt, at den kamerataske, du bruger, er solid og velpolstret, så den både beskytter indholdet imod stød udefra, og imod at indholdet slår imod hinanden under brug og transport. Flere fabrikanter fremstiller kameratasker i de nøjagtige, maksimale mål for kabinebagage på internationale flyvninger. Det betyder, at du har mulighed for at medbringe dem som håndbagage under flyrejsen og derved sikre dig, at udstyret bliver håndteret så forsigtigt som muligt. Det kræver dog, at tasken ikke overstiger vægtbegrænsningen for kabine-bagage, der som regel ligger på omkring 5 kg på økonomiklasse. Flere modeller laves desuden i en vandtæt udgave, og de er værd at overveje til en fotosafari, da de ikke bare er 100 % vandtætte men også beskytter indholdet effektivt imod indtrængen af støv. Sidst-nævnte er ret vigtigt på en fotosafari i Kenya, da terrænet ofte er temmelig tørt, og meget støv hvirvles op fra forbipasserende biler på jordvejene i og imellem nationalparkerne. De vandtætte model-ler har dog den ulempe, at de er noget mere besværlige at åbne og lukke end de almindelige modeller, og det må siges at være et pro-blem på safari, hvor du ofte har brug for at skifte objektiv eller få fat i andet udstyr under gamedrives eller på vandreture i terrænet. Det kan i øvrigt anbefales at vælge en fotorygsæk frem for en skulder-taske, da sidstnævnte uvægerligt vil komme i vejen under de mange ind- og udstigninger af safarikøretøjet, eller under vandreture i ter-rænet. Kraftige, lysstærke teleobjektiver kræver særlig beskyttende tasker som PeliCases (fabrikant af skumforede, slagfaste, vandtætte specialkufferter) eller lignende. Disse meget kostbare objektiver kræver optimal beskyttelse under flyrejsen, og eksempelvis en Pe-liCase gør det muligt at transportere dem på samme måde som en kuffert uden at skulle frygte, at de bliver beskadiget undervejs. Alene størrelsen og vægten på disse objektiver forhindrer, at de medbringes som håndbagage.

Filtre

Det er en god idé at bruge filtre sammen med dine objektiver, når du er på fotosafari. Ikke fordi effekten af dem har den store betyd-ning, men fordi et filter beskytter frontlinsen på objektivet. Det er ikke usandsynligt, at objektivet får et slag under turen, og skulle det ske, er det bedre, at det går ud over et filter til nogle hundrede kroner end et objektiv til flere tusind kroner. Et UV-filter er mest velegnet til dette formål, da det ikke har nogen indvirkning på objektivets hastighed/lysstyrke. Et polarisationsfilter (også kaldet "polfilter") derimod, tager så meget af det indkommende lys, at det svarer til at miste 1-2 blændetrin, alt afhængig af polfiltrets kvalitet. Et polfilter er derfor ikke velegnet til actionoptagelser eller andre situationer, hvor hurtige lukkertider er påkrævede. Polfiltre bidrager dog både til at styrke farverne i eksempelvis landskabsbilleder og til at eliminere genskin og refleksioner i blanke overflader, vand m.v.. Hvis du vælger at bruge polfiltre er det vigtigt, at du vælger cirkulære filtre, da lineære polfiltre gør kameraets autofokussystem upålideligt.

Skjul

Når du fotograferer dyr i deres naturlige omgivelser er brug af skjul ofte en god måde at komme meget tæt på motivet. På en al-mindelig fotosafari har du normalt ikke mulighed for at medbrin-ge eller konstruere skjul, men det er heller ikke nødvendigt. Bilen, du kører i, udgør et fortrinligt, mobilt skjul, hvor du samtidig er i sikkerhed for alle andre dyr end elefanter og næsehorn. Selvom du i bilen er synlig for dyrene, opfatter de dig ikke som truende, men nærmere som en del af bilen. Står du ud af bilen, er det straks en anden sag, og ud over at det er forbudt næsten overalt, er der faktisk eksempler på, at uforsigtige turister er blevet dræbt af løver og bøfler. Bliv i bilen og lad guiden være dommer over, hvad der er sikkert, og hvad der ikke er. Nogle steder er dyrene blevet så vante til safarikøretøjerne, at de dårligt nok tager notits af dem. Geparderne kan oven i købet finde på at bruge et holdende safarikøretøj som udkigspost. Stående på taget eller kølerhjelmen spejder de efter fjender og bytte på savannen. Som skjul har bilen den ulempe, at det ikke altid er praktisk at anvende et stativ i den. Brug i stedet en ærtepose, som beskrevet på side 74. Når der skal fotograferes fra bilen, vil en god guide omgående slukke for motoren, da selv små vibrationer vil give uskarpe billeder ved telefotografering. Hvis guidens opmærksomhed er koncentreret om noget andet, og han derfor ikke slukker motoren, så bed ham venligt om det. Der er ikke noget, han hellere vil end at sørge for, at du får den bedst mulige oplevelse og de bedste fotobetingelser.

Teknik i felten

Det er en fantastisk oplevelse at fotografere vilde dyr i deres naturlige omgivelser på safari. De forhold, du har at arbejde under er noget anderledes end mange andre steder i verden, og både motiverne og du selv er ofte i bevægelse. Derudover er du oftest bundet til en bil, idet mange af dyrene er farlige, og naturen er beskyttet, så det er hverken tilladt eller tilrådeligt at forlade safarikøretøjet i nationalparkerne og reservaterne. Det sætter nogle særlige krav til måden at arbejde på, og hvordan de imødegås er beskrevet i det efterfølgende.

Understøttelse af kameraet

Nærbilleder af dyrene i Kenyas nationalparker og reservater fotograferes med teleobjektiver fra minimum 200 mm og kraftigere. 300 mm er sandsynligvis den nedre grænse, hvis det reelt er nærbilleder eller portrætter af dyrene, du ønsker. Med så kraftige teleobjektiver er det meget vanskeligt at holde kameraet stille under fotograferingen, da selv meget små rystelser mangedobles af den kraftige forstørrelsesgrad. Det er derfor vigtigt at understøtte udstyret for at opnå billeder af en tilfredsstillende kvalitet. Inde i safarikøretøjet er der ikke overvældende meget plads, og slet ikke til at det er muligt at arbejde frit med et stativ. En ærtepose er et meget bedre værktøj, og den består i al sin enkelthed af en stof- eller kanvas-pose ca. 80 % fyldt med kikærter, linser eller lignende. Fordelen ved disse materialer er, at de giver et fast underlagt, samtidig med at de former sig efter både det fundament, de placeres på, og det udstyr du placerer ovenpå posen selv. På den måde er en ærtepose både et stabilt og fleksibelt underlagt for de lange teleobjektiver, og de er hurtige at flytte fra den ene side af bilen til den anden. Det er vigtigt at huske at komme ned i øjenhøjde med dyrene, for fotografering fra toppen af bilen er ikke altid en god idé. Flyt ærteposen med ned i vindueskarmen og fotografér også derfra. Vær opmærksom på at bilens motor altid skal være slukket under fotografering. Det er meget vigtigt, da de små vibrationer fra motoren er nok til at give rystede billeder.

Teknik ved kraftige teleobjektiver

Udfordringen ved at arbejde med kraftige teleobjektiver er at tage knivskarpe billeder, der ikke er rystede. Selv minimale bevægelser af udstyret vil ryste billedet ved de lange brændvidder, så sørg for at objektivet er understøttet godt. Enten ved hjælp af en velegnet ærtepose eller af et stativ. Selv på stativ kan kameraets spejl alene ryste kameraet og objektivet så meget, når det slår op og i, at billedet bliver uskarpt. Brug derfor spejllåsning (og tråd- eller fjernudløser), hvis det overhovedet er teknisk eller praktisk muligt i situationen. Vær også opmærksom på, at modlysblænden på kameraet kan være årsag til kamerarystelser. Det lyder naturligvis mærkeligt, men hvis selv et let vindstød falder ind i åbningen på modlysblænden, trækker den i kameraet, som i sejlet på en båd. Det betyder, at kameraet ikke er helt i ro under fotograferingen, og så bliver billederne uskarpe. Uanset om du bruger stativ eller ærtepose, er det vigtigt, at kamera og objektiv holdes helt stille, når billedet tages. Det gøres bedst ved at presse øjenomgivelserne godt imod okularet, holde godt fast i kameraet med højre hånd og presse det lidt ind imod hovedet. Venstre hånd hviler midt ovenpå objektivet, og i stedet for at presse udløseren ned med højre hånds pegefinger, rulles den henover udløseren for ikke at ryste kameraet under presset. Under pegefingerens rulning hen over udløserknappen presses denne i bund, men uden at udstyres bevæges, som når den aktiveres med et tryk. Når venstre hånd skal hvile midt ovenpå objektivet, er det for at opfange de små svingninger, som spejlet sender ud i objektivet, når det klapper op. Disse minimale, men alligevel betydningsfulde, svingninger i udstyret udsendes fra spejlet og bølger ud imod objektivets front. Vægten af en hånd ovenpå objektivet er imidlertid nok til at standse svingningerne, så de ikke når at få negativ indvirkning på billedet. Jo længere brændvidde du arbejder med, jo vigtigere er ovennævnte forholdsregler. Du skal ikke holde på objektivet med venstre hånd, men lade den hvile roligt ovenpå det.

Pas på udstyret undervejs

En safari kan være hård ved udstyret, da rejseformen byder på såvel masser af støv som bump i biler. Begge dele kan beskadige udstyret på både kort og langt sigt. Heldigvis er godt fotoudstyr ret hårdført, men pas alligevel godt på det undervejs. Sand og støv kommer ind alle vegne, og selv små støvkorn, der er kommet ind imellem et objektivs bevægelige dele, kan sætte sig og slide vedvarende på det, som var det sandpapir. Hold derfor fotoudstyret gemt af vejen i støvskyer og lignende og træk evt. en plasticpose henover det, hvis det er nødvendigt at have det fremme. Hold altid kameratasken forsvarligt tillukket, så der ikke blæser støv ind til det øvrige udstyr under turen. Stærk, direkte sol kan varme udstyret så meget op, at olie og andre væsker bliver tyndtflydende og forlader deres rette pladser inde i delene. Det kit som holder linseelementerne fast i objektiverne kan blive blødt i varmen. Sidstnævnte betyder, at selv små stød til objektivet kan få linseelementerne til at forskubbe sig i forhold til hinanden, og så er objektivet ikke bare grundigt ødelagt - det er tilmed umuligt at reparere. Ligesom det er vigtigt at holde støv væk fra udstyret, er det også meget vigtigt, at det ikke bliver overophedet. Læg derfor altid noget over det, når det ligger i bilen eller i skødet på nogen, klar til at blive brugt. Lyst stof eller andet materiale er bedst, da det reflekterer sollyset og mindsker opvarmningen af det, som ligger nedenunder. Når du kører fra en nationalpark til en anden, eller færdes i terrænet, bliver bilen konstant udsat for små stød, der bevæger sig op igennem kabinen og alt, hvad der befinder sig i den. Sørg derfor for, at fotoudstyret ligger på noget stødabsorberende, eksempelvis noget sammenlagt tøj eller lignende. Hvis udstyret er placeret i en kamerataske, så sørg for at den er placeret rigtigt. Et enkelt stød eller to skal udstyret nok klare, men undervurdér ikke de tusindvis af små stød, som det udsættes for under en hel rejse. Det er god idé at rense udstyret hver aften, inden du går til ro, samtidig med, at du oplader alle batterier og sorterer dagens billeder. Så er udstyret hele tiden rent og klar til brug. Også næste morgen, hvor du kun har tid til en kop kaffe, inden morgen-gamedrivet kalder.

Løve | Panthera Leo
Man ved aldrig, hvad der venter på den næste gamedrive. Denne morgen havde en ungkarleflok, bestående af tre unge hanløver, netop nedlagt en zebra. Masai Mara National Reserve.

Kompakte digitalkameraer

Det er naturligvis ikke alle safarirejsende, der er ambitiøse fotografer eller har investeret i det dyreste udstyr på markedet. Det siger sig selv, at professionelt fotoudstyr giver nogle muligheder, og en billedkvalitet, som du ikke opnår med et almindeligt, kompakt digitalkamera. Du kan dog sagtens få gode ferie- og dyrebilleder med hjem fra din safari alligevel. Billeder, som vil fastholde minderne om de store naturoplevelser, og som du og din familie vil have stor glæde af. For at du kan få det bedst mulige resultat, har jeg samlet en række tips og gode råd i det efterfølgende. Hvis du holder dig til dem, vil du komme hjem med mange gode billeder. Jeg vil i øvrigt anbefale dig at læse hele kapitlet om naturfotografering på safari (side 63-94), da det indeholde mange anbefalinger, som du med fordel kan følge, selvom du fotograferer med et kompakt digitalkamera.

Hvidbalance
Husk at stille hvidbalancen rigtigt (solskin, hvis det er solskin, og overskyet, hvis det er overskyet). Hvis hvidbalancen står forkert, bliver farverne unaturlige.

ISO hastighed
Indstil som udgangspunkt kameraet på ISO 100. Derved undgår du, at dine billeder bliver kornede. Lukkertiden bliver lidt længere, så det er vigtigt, at du holder kameraet helt stille, når du tager billedet.

Opløsning og format
Fotografer altid med kameraets højeste opløsning og format. Det giver dig mulighed for at beskære, eller forstørre billedet senere uden at det bliver uskarpt.

Zoom
Brug kun "optisk zoom" – aldrig "digital zoom". "Optisk zoom" svarer til den måde, man fokuserer på med professionelt udstyr. Dvs. at forstørrelsen sker, ved at kameraets linseelementer forskydes i forhold til hinanden. "Digital zoom" foregår ved, at billedet forstørres digitalt, og det kommer der kun dårlig billedkvalitet ud af.

Flash

Den indbyggede flash i et kompakt digitalkamera er kun velegnet til aftenbilleder på lodgen. Den er ikke kraftig nok til dyrebilleder, og da den ikke kan flyttes væk fra kameraet, giver den et unaturligt lys. Slå derfor flashen fra på gamedrive – den har i bedste fald ingen effekt.

Videoklip

I forhold til professionelle spejlreflekskameraer, kan det kompakte digitalkamera optage små videosekvenser. Husk at bruge den funktion indimellem. Selvom videokvaliteten ikke er helt i top, giver det nogle rigtigt sjove optagelser, som du senere vil sætte stor pris på. Du får tilmed lyden med, hvilket bidrager til at holde minderne ved lige.

Solen i ryggen

Husk at have solen i ryggen eller skråt ind bagfra, når du fotograferer. Når du fotograferer imod solen bliver motivet ofte mørkt og umuligt at genkende. På gamedrives står solen ofte lavt, hvilket giver et fantastisk lys at fotografere i.

Gå ned i knæ

Dine billeder bliver mere naturlige, hvis du placerer dig i niveau med de dyr, du fotograferer. Gå derfor ned i knæ i stedet for at fotografere oppefra og ned. Det lyder meget simpelt – og det er det også – og så er det meget effektfuldt.

Eksperimentér

Eksperimentér endnu mere end du plejer. Tag billeder af mønstrene i dyrenes pels, deres øjne eller flokke af dyr. Vær ikke bange for, at billedet bliver dårligt. Hvis det gør, så sletter du det bare og prøver igen.

Lad batterierne op – hver dag!

Husk at lade batterierne op inden hver gamedrive og vent med at se de billeder du tager undervejs, til du er tilbage på lodgen. Når du bruger displayet, bruger du samtidig en masse strøm. Det er så ærgerligt at befinde sig midt på den afrikanske savanne – med flade batterier i kameraet!

Opsøg motiverne

Kenyas dyreliv er ét af de rigeste på jorden, og både nationalparkerne og resten af landet myldrer med gode motiver. Du kan dog let blive så overvældet af muligheden for gode nærbilleder af dyrene i nationalparkerne og reservaterne, at du helt glemmer resten. Nedenfor gives et par tips til, hvordan du kan få det hele med.

Overnatningsstederne myldrer med liv

På en fotosafari finder du ikke kun motiverne i græsset på savannen, men i høj grad også alle mulige andre steder. Så hold øje med omgivelserne – også på indkvarteringsstederne, hvor det ofte myldrer med liv. Udforsk lejren imellem dagens gamedrives. Den er fuld af dyr og gode motiver. Særligt fugle, firben og aber holder til på lodgene og bl.a. i Masai Mara er der mange klippegrævlinge i træerne og på stensætningerne. Du kan komme meget tæt på dem, men pas på. De bider fra sig, hvis du kommer tættere på, end de bryder sig om. Ved nogle lodges kommer dyrene meget tæt på indhegningerne omkring lejren, og hvor der er frit udsyn, kan det give gode motiver. På Mt. Kenya og i Aberdare er flere lodges af samme årsag lagt helt inde i regnskoven ved vandhuller, hvor skovens dyr kommer for at drikke og for at spise den mineralholdige jord omkring vandhullerne. Fra udsigtsplatforme eller direkte fra trætophotellernes balkoner har du uhindret udsigt til dyrelivet. Det er en fantastisk oplevelse at tilbringe nogle timer i stille selskab med dyrene. Ofte vil du desværre være placeret højt i forhold til dyrene, og det er som regel et dårligt udgangspunkt for gode billeder. På Mountain Lodge på Mt. Kenya er der imidlertid gravet en tunnel, som gør det muligt at komme meget tæt på det nærliggende vandhul. Fra udsigtspunktet for enden af tunnelen kan du tage gode nærbilleder, men vær opmærksom på, at det ikke er mulig at bruge kraftige, lysstærke objektiver her. Du kigger ud af nogle rektangulære åbninger i tunnelen, som der er sat tremmer for, for at holde leoparder og andre dyr ude! Hullerne i tremmerne er lige nøjagtigt så små, at et kraftigt objektiv med stor diameter ikke kan stikkes ud igennem tremmerne. Du kan evt. afmontere modlysblænden og på den måde formindske diameteren på objektivet.

Hold udkig imens du sover

På safari behøver du ikke gå glip af noget, fordi du sover. Når du overnatter på trætophotellerne på Mt. Kenya eller Aberdare, kan du bede stedets gamespotter om at holde øje med de dyr, du gerne vil se. Han holder vagt ved vandhullet hele natten, og han har simpelthen en liste over de særligt interessante dyr, der er chance for at se komme ud at skoven i løbet af natten. På Mt. Kenya kan det eksempelvis være leopard, skovsvin, vortesvin, elefant, hyæne, mange forskellige antiloper og den meget sjældne sorte panter. Sidstnævnte er ikke en særskilt art, men helt sorte leoparder, som kun findes i dette område, samt i Aberdare. Du krydser af, hvilke dyr du gerne vil se, og skulle de dukke frem af skoven i løbet af natten, bliver du vækket af gamespotteren, så du ikke går glip af oplevelsen. Du kan også bede gamespotteren vække dig lige inden solopgang. Gør det! Lyden af regnskoven, der vågner, når solens stråler rammer den, er både overvældende og uforglemmelig.

Kenya fra luften

Overvej at flyve imellem et par af nationalparkerne. De små indenrigsfly flyver lavt, og det giver mulighed for at tage nogle billeder af landet og landskaberne, som ikke er opnåelige på nogen anden måde. Det er ikke så dyrt, som man skulle tro, og Kenya fra luften er et syn, du aldrig glemmer.

Heldagssafari

Normalt ligger dagens gamedrives i timerne lige efter solopgang, og igen i timerne lige inden solen går ned. Du har dog mulighed for at tage på heldagssafari, hvor du i stedet for at spise frokost på lodgen medbringer en madpakke og bliver væk hele dagen. Afsæt eksempelvis en hel dag til at opleve gnuerne krydse Marafloden i august. Det kræver en stor portion held og en endnu større portion tålmodighed at opleve dette spektakulære skue – også selv om du afsætter en hel dag til at vente ved floden. Der er ingen garantier for at opleve krydsningen, så vær derfor forberedt på at tilbringe en del timer ved floden, uden at opleve andet end savannens og flodens stille – og meget fascinerede – dyreliv. En heldagssafari aftales med guiden, et par dage før du gerne vil af sted. Han sørger så også for en lækker madpakke til turen.

Husk Landskaberne

På fotosafari i Kenya besnæres man let af de mange dyr og mulighederne for at lave gode næroptagelser. Glemt dog ikke landskaberne, der også er i en klasse for sig. De er ofte rigtig gode motiver både under gamedrives i nationalparkerne og reservaterne og under transporten fra det ene sted til det næste. Vidderne er store, og udsigterne fra højene i landskabet er storslåede. Du kan befinde dig i solskin det ene sted og se regnen vælte ned i den anden ende af parken. Skyformationerne og solens stråler, der brydes igennem dem er fantastisk flotte, og du har alle muligheder for også at få uforglemmelige billeder med hjem af dette. Så kig op, ud og langt væk. Og husk at der også ligger vidvinkelobjektiver i tasken.

Gå ikke glip af øjeblikket

En fotosafari er altid alt for kort – uanset hvor mange dage du er af sted – og det virker, som om hver eneste gamedrive er overstået hurtigere end den begyndte. Hvert eneste øjeblik i nationalparkerne og reservaterne er værdifulde – særligt når du oplever de vilde dyr i deres naturlige omgivelser. Gå derfor ikke glip af en fotomulighed, fordi kameraet ikke er klar eller lige ved hånden. Sørg altid for at udstyret er klargjort og hav altid et kamera indenfor rækkevidde, når du færdes i terrænet. Motiverne dukker frem, når du mindst venter det, og de kan være borte igen, før du har haft mulighed for at finde udstyret frem. Vær desuden opmærksom på, at dyr meget let ser akavede ud, hvis de bare foretager den mindste, forkerte bevægelse. Tag derfor flere billeder af hvert motiv og vær ligeglad med, at det koster ekstra plads på dine lagermedier. Under alle omstændigheder vil du få flere gode billeder med dig hjem, når du har mange billeder at vælge imellem efterfølgende. Ved actionbilleder er det en god idé at bruge kontinuerlig optagelse af billeder i serie. Så kan du altid gå serien igennem og vælge lige netop det billede ud, hvor det hele går op i en højere enhed. Chancen få at ramme netop dette gyldne øjeblik med et enkelt billede er meget begrænset.

Elektronik på rejsen

Moderne fotoudstyr og elektronik hænger uløseligt sammen, og arbejder du med digital spejlrefleks på en fotosafari, er du helt afhængig af en række forskelligt, elektronisk udstyr.

Strømforsyning

Ethvert moderne kamera – og et digitalt spejlreflekskamera i særdeleshed – er fuldstændig afhængigt af strøm. Det er derfor vigtigt, at du ikke bare medbringer tilstrækkeligt med batterier på fotosafari, men også ladere, strømforsyninger m.v.. De fleste digitale spejlreflekskameraer bruger specielle, genopladelige batterier og sørg for at medbringe så mange, at der ikke er nogen risiko for at løbe tør for strøm – selv under en heldagssafari. Kameraet er tændt i lange perioder på safari, og det vil være ærgerligt ikke at kunne tage alle de billeder, du har lyst til, fordi du er løbet tør for strøm.

Kalkulér ikke med at kunne bruge 12v-udtaget (cigartænderen) i køretøjet undervejs. Det er for det meste i brug af guiden, der via radio og/eller mobiltelefon holder sig i kontakt med kolleger og familien derhjemme. Af én eller anden grund (sandsynligvis fordi den gennemsnitlige mobiltelefon i Kenya er både gammel og slidt) er den ofte kronisk tilsluttet bilens strømforsyning. Oplad i stedet alle genopladelige batterier på lodgen hver aften. Så er der som regel strøm nok til den kommende morgen-gamedrive. Genoplad så igen alle batterierne inden eftermiddagens gamedrive.

El-systemet i Kenya er 240V, og selvom det i byerne er ret pålideligt og sjældent går ned, skal du ikke regne med samme driftsikkerhed i nationalparkerne. Nogle steder er der ikke strøm om natten, så vær altid på forkant med opladningen af batterierne. El-stikkene i Kenya er den trebenede udgave, som anvendes i England, men andre typer kan forekomme rundt omkring i landet. Medbring derfor en universal stikadapter på rejsen, så du ikke løber ind i problemer. Skulle du miste din stikadapter under rejsen, kan du i teorien låne en adapter i receptionen på det hotel eller den lodge, du overnatter. Af en eller anden grund er den dog som regel allerede udlånt – så sørg for at være dækket ind.

Husk at medbring batterier, ladere og strømforsyninger til alle de batterityper, du har brug for: Til kameraer, til lommekameraet, til flashen, den bærbare PC, den elektronisk lagerenhed osv..

Datalager på rejsen

Det er en stor udfordring at have lagerplads nok, når man arbejder med digital spejlrefleks. Der er ingen grund til at fotografere i mindre end kameraets højeste opløsning, uanset om det er 6 eller 16 megapixel. Det er vigtigt at få billederne i den bedst mulige kvalitet, og detaljerne i billedet er meget vigtige. Du kan altid sætte et billede ned i størrelse eller bruge det mindre end originalen, og det er umuligt at vurdere billedets skarphed og kvalitet fuldstændigt, før du sidder hjemme ved din PC. Gå derfor ikke på kompromis med opløsningen. Sørg i stedet for at den nødvendige lagerkapacitet er til stede under rejsen.

Bærbar PC

En god løsning er at medbringe en kraftig, bærbar PC med stor lagerkapacitet. Ikke nok med at den har den nødvendige lagerkapacitet til, at du ikke behøver sortere i billederne under rejsen. Den gør det også muligt at foretage en egentlig vurdering af både skarphed og eksponering i detaljer. En anden fordel er, at du under rejsen kan skrive billedtekster, noter m.v. med det samme. Problemet med at rejse med en bærbar PC, er at den er tung, kræver strøm (og strømforsyning m.v.) og er følsom overfor stød, fugt, støv o.s.v. og simpelthen risikerer at gå i stykker på turen.

Elektronisk lagerenhed

Som alternativ til PC'en er de små elektroniske lagerenheder på størrelse med en mobiltelefon, som du kan få i et utal af varianter. Fordelen ved denne løsning er, at de næsten ingenting fylder, og at de pt. fås med en lagerkapacitet på 40 til over 200 GB. Flere af modellerne er forsynet med en lille LCD farveskærm, som gør det muligt at se billederne, men vær opmærksom på at det hverken er muligt at vurdere et billedes skarphed eller eksponering i detaljer. Heller ikke selvom et billede ser skarpt ud på skærmen. Det er nødvendigt at vurdere billedet på en større skræm, når du kommer hjem fra rejsen. Vær opmærksom på om den model, du investerer i (hvis du vælger at gøre det), understøtter dit kameras filformat. Mange modeller understøtter eksempelvis ikke RAW-filer. Ulemperne ved disse elektroniske lagerenheder er, at de kræver strøm og deres egen strømforsyning, og at mange modeller – på trods af, at det er mobile enheder - er stødfølsomme og ikke kan klare en ugelang tur på de Kenyanske landeveje. Jeg har selv gentagne gange haft nedbrud på nogle af de modeller, der regnes for mest driftsikre under forhold som disse, så pas på. Overvej i stedet for løsningen nedenfor.

Hukommelseskort

Compact Flash kort, Memory Stick, Secure Digital kort, og hvad de ellers hedder, er en meget driftsikker og holdbar løsning. Oven i købet fylder og vejer de næsten ingenting, og så kræver de ikke engang deres egen strømforsyning. Det er altså den perfekte løsning til digital fotografering på safari. Faktisk har de kun en enkelt ulempe, og det er, at de er forholdsvis dyre regnet i kr. pr. GB. Det er dog ikke uinteressant at regne lidt på det alligevel, for hvor mange GB lagerplads har du egentlig brug for under en fotosafari af eksempelvis 2 ugers varighed. 80 GB? Næppe – selv hvis du

Tjekliste - Fotoudstyr

⊗

- ☐ **Kamerahus**
- ☐ **Evt. reserve kamerahus**
- ☐ **Teleobjektiv (f.eks. f/2.8 300 mm)**
- ☐ **Vidvinkelzoom (f.eks. f/2.8 24-70 mm)**
- ☐ **Telezoom (f.eks. f/2.8 70-200 mm)**
- ☐ **Telekonverter (f.eks. 1.4x)**
- ☐ **Batterier**
- ☐ **Batterilader**
- ☐ **Strømforsyning**
- ☐ **Stikadpter (UK stik)**
- ☐ **Hukommelseskort**
- ☐ **Evt. transportabel datalagerenhed**
- ☐ **Evt. bærbar PC**
- ☐ **Batterier til datalagerenhed**
- ☐ **Strømforsyning til datalagerenhed**
- ☐ **Filtre**
- ☐ **Rensevæske og linsepapir**
- ☐ **Stativ**
- ☐ **Ærtepose (evt. tom under rejsen)**
- ☐ **Trådudløser/fjernudløser**
- ☐ **Flash**
- ☐ **Batterier til flashen**
- ☐ **Evt. lader til flash-batterier**
- ☐ **Støvtæt kamerataske**

fotograferer rigtigt meget undervejs og i høj opløsning. 20 GB er nok mere sandsynligt – selv hvis du tager rigtig mange billeder. Så måske var det værd at overveje, om den bedste investering i lagerplads ikke var flere, store hukommelseskort i stedet for en fancy elektronisk lagerenhed, som måske ikke klarer hele turen. Hvis du arbejder med digital spejlrefleks på 16 megapixel, ser regnestykket dog anderledes ud. Et enkelt billede i RAW-format og højeste opløsning fylder omkring 50 MB, og så får du hurtigt fyldt dine hukommelseskort op.

Pas på elektronikken undervejs

Pas på støv, fugt og stød! Undervurdér ikke de stød udstyret får under transporten – selv på de almindelige landeveje. Vejene i Kenya er i en forfærdelig forfatning, og havde de ligget i Danmark, var mange af dem simpelthen blevet lukket for trafik. De fleste steder udenfor nationalparkerne er der asfalt på vejene, men bare der dog ikke havde været det! De mange huller i vejene gør turen til en balancegang for guiden, men han er som regel en sand virtuos på fire hjul. Havde vejene ikke været asfalteret, ville hullerne jævnes ud – men når hullernes kanter består af asfalt, bliver de i stedet bare dybere og dybere med tiden. Først i 2004 er den kenyanske regeringen så småt begyndt at udbedre nogle udvalgte veje, men der er bestemt meget langt igen, før en direkte behagelig køretur i landet er mulig. Flere steder arbejder frivillige vejarbejdere med at fjerne asfalten og fylde huller op. Disse frivillige vejarbejdere er arbejdsløse, der sætter deres lid til en skilling fra taknemmelige chauffører på deres vejstrækning. Stop op og giv dem en seddel (lad guiden gøre det) – de har fortjent det! I Kenya kører du i venstre side af vejen. Dog kun så længe højre side ikke er mere farbar – eller marken ved siden af vejen! De ujævne veje giver en utrolig masse små (og store) bump i bilen, og disse bump må ikke undervurderes. Jeg har selv fået ødelagt to transportable harddiske bare ved at have dem liggende i tasken! Alt sårbart elektronisk udstyr bør opbevares i kabinen, lagt ovenpå et stødabsorberende underlag som f.eks. en tyk, sammenfoldet trøje.

Teknisk udstyrsforsikring

Ligegyldigt hvor meget du passer på dit fotoudstyr, risikerer det at blive beskadiget på en safari. Varme, direkte sollys, stød under kørslen og naturligvis fugt og støv gør safarilivet farligt for et kamera. Det er vigtigt at passe på det undervejs, men også at være tilstrækkeligt forsikret, hvis uheldet skulle være ude. En almindelig indboforsikring dækker typisk 10 % af forsikringssummen under rejsen, men med tasken fuld af professionelt fotoudstyr er dette sjældent tilstrækkeligt, til at du er dækket ind. Det kan derfor anbefales at tegne en såkaldt teknisk udstyrsforsikring inden afrejsen. Denne forsikringstype er temmelig dyr, men dækningen ved beskadigelse eller bortkomst af teknisk udstyr (herunder fotoudstyr) gør det en overvejelse værd. Tag evt. kontakt til din normale forsikringsmægler for yderligere oplysninger.

Det gode naturbillede

Nøglen til at tage gode naturbilleder er at bringe dig i en situation, hvor forholdene falder ud til din fordel. Lyset skal være rigtigt, dyrene skal tage sig godt ud, imens de foretager sig noget interessant og samtidig lade dig komme tæt nok på, til at du kan få detaljerne med. Når du endeligt befinder dig i en situation, hvor det hele går op i en højere enhed, er det bare med at fotografere løs. Tag mange billeder fra forskellige vinkler, tag billeder af motivet i forskellige størrelser og både i høj- og bredformat. Vær opmærksom på baggrunden og tag evt. flere billeder af det samme motiv med forskellige baggrunde, hvis det er muligt. Det er ikke ofte, at en sådan situation byder sig, så det er vigtigt at få så meget som muligt ud af den, når det sker. Vilde dyr i deres naturlige omgivelser er fantastiske motiver, men ligeså smukke de kan tage sig ud i deres velmagt, ligeså akavede ser de ud på billeder, hvis de bare laver en enkelt forkert bevægelse. Vær derfor forberedt på, at de fleste billeder trods anstrengelserne er lige til at smide ud. Selv med et professionelt digitalt spejlreflekskamera, hvor du har mulighed for at kontrollere billedet efter optagelsen, ser du ikke alt. De fleste små uheldige detaljer ses først, når du efter rejsen sidder med billedet i stor størrelse på computerskærmen. Tag derfor altid hellere et billede for meget, end et for lidt. Med tiden lærer du naturligvis at være opmærksom på dyrenes bevægelser, men ofte sker de så hurtigt, at du ikke kan nå at reagere. Hvis du derfor venter på det perfekte øjeblik, vil du oftest have forpasset din chance på forhånd, da det perfekte øjeblik kun varer et splitsekund. Hvad der er et godt naturbillede, afhænger af øjnene der ser, og vigtigst er det, at du som fotograf er tilfreds med dit eget arbejde. Hvis et billede på den anden side skal tilfredsstille andres krav til et godt naturbillede, er der nogle forhold, der skal være på plads. Disse forhold er beskrevet i det efterfølgende.

Identifikation af motivet

Før det første skal det være muligt at identificere dyret på billedet. Det skal ikke bare være tydeligt på billedet, men også artsbestemt, så andre kan forholde sig til det. Ved mange krybdyr, padder og insekter kan det være svært at fastslå nøjagtigt, hvilken art der er tale om, men der findes et utal af bøger, der kan hjælpe med at opklare sagen. Det er ofte en god idé at købe forskellige opslagsværker og håndbøger i de områder, hvor du rejser, da de ofte dækker en del af den fauna, området byder på. Vær i øvrigt opmærksom på at selv de mest almindelige dyr opføres under forskellige navne, så krydstjek med andre opslagsværker og brug de latinske navne til at sikre, at det er det rigtige dyr du har fat i.

Skarphed

Billeder af dyr skal være så skarpe, at du kan skære dig på dem. Det er altafgørende i forbindelse med naturfotografering. Du kan bruge som målestok, at det skal være muligt at skelne dyrets enkelte hår eller fjer fra hinanden, og hvis dyret står med siden til kameraet, skal hele dyret være skarpt. Hvis vinklen er mere spids, og du fotograferer med et kraftigt teleobjektiv, kan den begrænsede dybdeskarphed gøre dette umuligt. Det vigtige i den sammenhæng er i stedet, at snuden, ørene og i særdeleshed øjnene er knivskarpe. Vigtigheden af, at øjnene under alle omstændigheder står skarpt, kan på ingen måde overdrives. Det er øjnene, der giver motivet liv, og det er vigtigt, at de står krystalklare og uden mørke skygger eller lignende henover dem. Hvis du er heldig, at lyset bringer et lille glimt frem i dyrets øje, er du hjulpet godt på vej.

Motivets størrelse

Som tommelfingerregel bør dyrets størrelse passe til dets størrelse i billedfeltet. Et stort dyr må gerne fylde imellem halvdelen og to tredjedele af billedfeltet, hvorimod et mindre dyr gerne må fylde mindre. Mindre dyr kan sagtens portrætteres på en god måde, selv om de ikke fylder meget på billedet. Det kræver dog, at resten af billedets motiv, dyrets omgivelser, i sig selv er tilstrækkeligt interessante til at blive fotograferet. Tynde dyr som eksempelvis slanger, tager sig sjældent godt ud som en lang streg i billedet. Sørg for at komme i position, så dyrets krop fylder en større del af billedfeltet. For eksempel ved at fotografere slangen lavt forfra, eller når den ligger sammenkrøbet.

Komposition

Der er skrevet mange og tykke bøger om emnet komposition. Det er også meget vigtigt, at et billedes komposition er i orden, for at indtrykket brænder igennem, og motivet præsenteres og opfattes, som du ønsker det. Hvis du til at begynde med vil springe de mange tykke bøger over, er der nogle tommelfingerregler, du bør være opmærksom på. Dyret på billedet skal som hovedregel kigge ind i billedet og der bør være mere plads i billedfeltet foran det, end bagved. Lyset bør komme fra en vinkel, så dyrets hovedtræk fremhæves, gerne lidt ind fra siden og ikke direkte ind forfra. Hvis lyset kommer ind helt ude fra siden, eller endda bagfra, kan det bruges til at fremhæve detaljer i dyrets silhuet, så som pels eller fjer. Skygger er vigtige for at give form og fremhæve detaljer, men de bør ikke være så kraftige, at detaljerne inde i skyggerne helt forsvinder.

Farve og kontrast

Kontrast og farve er to meget vigtige elementer i et godt naturbillede. Det er vigtigt at farverne ikke bliver unaturligt kraftige, og at kontrasten ikke bliver alt for stor. Lysforholdene under optagelsen spiller en afgørende rolle for billedets farver og kontrast. Særligt de tidlige morgentimer og perioden sidst på eftermiddagen giver også i Afrika et meget stemningsfyldt og varmt lys, og du har i disse tidsrum rigtigt gode muligheder for at tage gode billeder. Da det samtidig er i disse tidsrum, at dyrene er mest aktive, kan du ofte stå i den vidunderlige situation, at lysforholdene nærmest er perfekte. Som tommelfingerregel bør baggrunden i billedet være neutral i både farve og detaljerigdom. Det får selve motivet til at fremstå mere tydeligt i forhold til resten af billedet. Når det er muligt, bør du forsøge at opnå denne baggrund ved at finde den rette placering at fotografere fra. I praksis er bevægelsesmulighederne dog ofte ret begrænsede. For at kompensere for dette kan du forsøge at sløre baggrunden ved at begrænse dybdeskarpheden. Ved hjælp af en stor blændeåbning sløres baggrunden, men du skal være opmærksom på, at en del af motivet også kan blive sløret. Du kan tage fantastiske billeder med en stor blændeåbning og et kraftigt teleobjektiv, men risikerer samtidig at vigtige detaljer ved det dyr, du fotograferer, bliver uskarpe pga. den kraftigt reducerede dybdeskarphed. En måde at undgå dette på er at blænde ned lige nøjagtigt så meget, at alle de vigtige træk ved dyret ligger indenfor skarphedsområdet. På denne måde holdes hovedmotivet skarpt og baggrunden tilstrækkeligt sløret, til at den ikke fjerner opmærksomheden for det egentlige motiv.

Actionbilleder

En ting er at fotografere stillestående dyr, så billedet bliver både veleksponeret, knivskarpt og med en tiltalende komposition. En helt anden ting er at tage actionbilleder af dyr i deres naturlige omgivelser. Udfordringen er, at samtidig med at alle de øvrige forhold omkring et godt dyrebillede skal efterleves, har du besværet med at placere et dyr i bevægelse korrekt i billedfeltet. Dette er ikke mindst en udfordring, når dyret bevæger sig meget hurtigt. Derudover skal du hurtigt kunne beslutte dig for den lukkertid/blænde kombination, du ønsker til billedet. Det kan anbefales at vælge en hurtig lukkertid til at fryse bevægelsen, men en lille smule slør på ben, poter eller baggrund kan bidrage til at understrege, at der er fart over feltet.

Resultatet af anstrengelserne

Nogen vil mene, at de nævnte kriterier, for hvad der er et godt dyrebillede, er svære at efterleve. Det er de bestemt også. De færreste af os, måske ingen, når det kommer til stykket, præsterer at leve fuldstændigt op til dem alle sammen på én gang, så der er ingen grund til at miste modet. Hvis du er ambitiøs med dine billeder, er det dog ikke så tosset at stille høje krav til dig selv, og de billeder, du gerne vil tage. På en to uger lang fotosafari i Kenya skal du ikke forvente at få mere end omkring 100 rigtigt gode billeder med hjem. Selv hvis du som anbefalet tager mange billeder undervejs. Hvis du i blandt de omkring 100 billeder har bare et par gode actionbilleder, kan du glæde dig over en meget succesfuld fotosafari.

Etiske retningslinier

Når du fotograferer vilde dyr i deres naturlige omgivelser, er det nødvendigt at overholde en række både skrevne og uskrevne etiske retningslinier. De fleste retningslinier er almindelig sund fornuft, og er du som naturfotograf optaget af naturens og dyrenes ve og vel, vil du sædvanligvis ikke have problemer med at lægge bånd på dig selv. Du bør altid minde dig selv om, at når du er på safari, er du på besøg i et sårbart økosystem – ikke en forlystelsespark. Det kan sagtens lade sig gøre at tage fantastiske billeder uden at gå over stregen. Følgende retningslinier kan give en idé om, hvor grænsen går imellem entusiasme og uansvarlighed:

⊙ Når du fotograferer i nationalparker og andre reservater, skal parkens reglement altid overholdes.

⊙ Dyrene har altid fortrinsret – også til veje og stier.

⊙ Dyrene må aldrig forstyrres, når de spiser, parrer sig, sover, jager eller selv bliver jaget. Det kan godt lade sig gøre at tage billeder af dyrene i disse situationer uden at forstyrre dem i deres aktiviteter.

⊙ Hvis et dyr løber væk, følger man ikke efter det.

⊙ Dyrenes opmærksomhed må aldrig tiltrækkes på en unaturlig måde, f.eks. ved at kalde på dem, fodre dem eller ved at lave mekaniske eller bankende lyde.

⊙ Dyrenes velbefindende må aldrig sættes på spil.

⊙ Når du fotograferer jagende eller jagede dyr, har du pligt til at gøre alt for ikke at afsløre jægeren eller at skræmme byttet væk.

Geparden f. eks. er meget afhængig af succesfulde jagter, og da den jager i dagtimerne, kan nærgående eller støjende turister let forstyrre jagten og derved sætte både den voksne gepards, og i særdeleshed dens ungers overlevelsesmuligheder på spil.

⊙ Vis respekt for de lokale folkeslag. Tag ikke billeder af personer uden tilladelse – heller ikke ud af vinduet på en kørende bil. Det opfattes meget nedladende, hvad det jo egentligt også er.

⊙ Vær opmærksom på, at det ikke er tilladt at fotografere stammefolk i Kenyas naturreservater og nationalparker.

Stikordsregister

A

actionbilleder 91

B

bagage 60
ballonsafari 44, 46
beklædning 50
bush-breakfast 47
børn 23

D

datalager 84
desinfektionsmiddel 55
digitalkamera 78
drikkepenge 49

E

edderkopper 56
elektronik 83
el 25, 26
etiske retningslinier 92

F

farve 91
filtre 72
fjernudløser 74
flash 70, 79
Flying-Doctor-service 58
fodtøj 53
fotoudstyr 64
færdsel 42

G

gamedrive 13, 81, 82
gamespotter 81

gamespotting 13
gaver 61
gnuernes vandring 21, 82
gør-det-selv-safari 15

H

heldagssafari 13, 81, 82
hovedbeklædning 53
hukommelseskort 85
hvidbalance 78
højsæson 21, 22
håndbagage 60, 61

I

indenrigsflyvning 24, 48, 60, 81
indkvartering 24
ISO hastighed 78

K

kamera 65
kameratasker 71
komposition 90
kontrast 91
kreditkort 59

L

landskaber 82
lavsæson 21, 22
lodge 26
lufthavnsskat 59
læge 58

M

mad 56
madpakke 82

malaria 54
medicin 55
myggebalsam 55

N
nationalparker/reservater 27, 28
- Aberdare 28
- Amboseli 29
- Buffalo Springs 38
- Lake Nakuru 30
- Marsabit 32
- Masai Mara 32
- Meru 34
- Mount Elgon 36
- Mount Kenya 36
- Nairobi 38
- Samburu 38
- Shaba 38
- Shimba 40
- Tsavo 40
natsafari 48
naturfotografering 63

O
objektiver 67
opløsning 78

P
penge 59
praktiske informationer 50
privatsafari 20, 44

R
RAW-filer 85, 87
regntid 21, 22
rejsearrangør 17
rejseform 15

S
skarphed 89
skjul 72
skorpioner 56
slanger 56, 90
solcreme 55
spejllåsning 74
stativer 68
strømforsyning 83
støv 68, 75, 87
sundowner 26
swimmingpool 26
sygdomme 54

T
teknisk udstyrsforsikring 88
teltsafari 25
the big five 14
tidsforskel 54
tjekliste, bagage 51
tjekliste, fotoudstyr 86
transportsyge 54
trætophotel 27, 80, 81
trådudløser 74
T-shirts 53

V
vaccinationer 55
valuta 59
vand 56
vandresafari 47
videoklip 79
visum 59

Æ
ældre 23
ærtepose 69, 74, 75

Om forfatteren

Jakob Wandel er naturfotograf og forfatter. I forbindelse med sit arbejde har han rejst i store dele af verden og fotograferet vilde dyr i deres naturlige omgivelser.

I 2006 udgav Jakob fotobogen "Dyrenes Verden" i samarbejde med Schultz Forlag. Bogen blev præsenteret således:

"Den danske naturfotograf Jakob Wandel åbner med sine dyrebilleder fra bl.a. Afrika, Sydamerika og den arktiske øgruppe Svalbard et vindue til en forunderlig og smuk verden. Bogens mere end 100 fotografier og beskrivende billedtekster byder på et overvældende indtryk af den skønhed, som dyrenes verden har at byde på. Fra Afrikas uendelige sletter til Galápagos' isolerede klippeøer portrætteres dyr så forskellige som kamæleoner og jagende løver, sovende søløver og fantastiske fugle. Dyrenes verden er fuld af dramatiske begivenheder og gribende skabninger. Den er en uudtømmelig kilde til fascination af livet i alle dets afskygninger. Mød beboerne i dyrenes verden – fra Masai Mara i Kenya over Svalbard til Galápagos i Stillehavet – og bliv fascineret af mangfoldigheden på vores lille planet."

www.jakobwandel.com